imaginist

想象另一种可能

理
想
国

imaginist

見字如来

张大春——著

天地出版社 | TIANDI PRESS

图书在版编目（CIP）数据

见字如来 / 张大春著 . -- 成都 : 天地出版社，
2018.9
ISBN 978-7-5455-4539-5
Ⅰ . ①见… Ⅱ . ①张… Ⅲ . ①汉字 – 文字学 – 文集
Ⅳ . ① H12-53

中国版本图书馆 CIP 数据核字 (2018) 第 286958 号

见字如来
JIAN ZI RU LAI

出品人　杨　政
著　者　张大春
责任编辑　杨永龙　陈　霞
特约编辑　黄平丽　杨　潇
装帧设计　陆智昌
责任印制　葛红梅

出版发行　天地出版社
（成都市槐树街2号　邮政编码：610014）
网　址　http://www.tiandiph.com
http://www.天地出版社.com
电子邮箱　tiandicbs@vip.163.com

印　刷　山东鸿君杰文化发展有限公司
版　次　2019年3月第1版
印　次　2019年3月第1次印刷
成品尺寸　145mm×210mm　1/32
印　张　9.875
字　数　160千
定　价　45.00元
书　号　ISBN 978-7-5455-4539-5

咨询电话：（028）87734639（总编室）

目　录

贰　见故人

叁　见平生

附录

序　见字如见故人来

在讲唱文学的开头，有一段用以引起下文主题的文字或故事，在唐变文叫“押座文”（让在场座客专注而安静下来的一段文本），宋代以后的话本有一个特别的形式，从唐代讲唱文学的押座文形式承袭演变而来，意思就是说：讲唱者在引出正文或主题之前，先另说一段意义或情境相关的小故事，这种故事一方面能针对稍晚要说的故事、要发的议论做一些铺排，另一方面，也有安定书场秩序的作用，这种段落，一般称之为“得胜头回”，也写作“德胜头回”。

是不是在书场之中运用了祝福军队作战胜利所演奏的凯歌旋律？有人这么推测。不过，更可能是在庶民语词里，借用了“得胜”一词，所表达的却是对人发财、得利、成功……的祝福。这是一个口彩，让观众一听到就开心——尽管也许是个令人悲伤的故事。

《见字如来》收录的四十六篇说文解字的文章里，每一篇都有一段“得胜头回”，说的是我生活中的一些小风景、小际遇。这些风景和际遇多少和后文之中所牵涉的字符构造、用字意义、语词引申等等方面有关。一部分的故事甚至与我的世界观和价值观都有密切的联系。

更具体地说：对我而言，有许多字不只是具备表意、叙事、抒情、言志的工具。在探讨或玩味这些字（以及它们所建构出来的词组）之时，我往往会回到最初学习或运用这些字、词的情境之中，那些在生命中有如白驹过隙、稍纵即逝的光阴，那些被现实割据成散碎片段的记忆，那些明明不足以沉淀在回忆底部的飘忽念头，那些看似对人生之宏大面向了无影响的尘粉经验，也像是重新经历了一回。

这样的经验无时无之。最奇特的一次是在机场休息室的公共厕所里，正在面壁之际，忽然之间相邻便斗的使用者大大方方跟我说起话来："张先生！对不起、打搅啊！我知道你懂很多字啊，那我就有一件事不明白，要跟你请教了——我记得我小时候学的厕所都叫'茅司'，现在都没有这样念的了，是吧？这是怎么回事？一个字，过个几十年，就不一样了吗？你说奇怪不奇怪啊？"

"茅司坑？"从反射神经冒出来的答复，我记得这个词汇。

"对对对，茅司坑。茅司嘛，就是茅司嘛！"那人抖了一抖，接着说，"没错罢？我记得没错的。茅司。现在跟谁说茅司，人都不信！奇怪了。这一下好，你说有就有，以后我就跟人说，我问过你了。"说完，也没有要我继续解释下去的意思，他就心满意足地离开了。

面对着瓷砖和便斗，我忽然想起一九八〇年夏天，召开一个会议，许多留外学人应邀返回台北住在当时名为"三普"的大饭店，我代表报社副刊去接待几位学人，其中一位是历史学者余英时。我们在“三普”楼下大厅会面，寒暄了一阵，准备进入采访阶段，余先生忽然招手叫服务生过来，问道：“请问，你们的茅房在哪里？”那服务生一脸茫然的表情，直到今天我还记忆犹新。

字与词，在时间的淬炼之下，时刻分秒、岁月春秋地陶冶过去，已经不只是经史子集里的文本元素，更结构成鲜活的生命经验。当一代人说起一代人自己熟悉的语言，上一代人的寂寥与茫昧便真个是滋味、也不是滋味了。我始终没有忘记余英时先生说“茅房”二字的时候，顺口而出，无比自然；显然年轻人听来一时不能入耳，恐怕也无从想象：茅房就是“W.C.”，更无从明白茅茨、茅厕之窳陋建筑究竟如何设计使用。不过，我猜想上世纪八十年代那位“三普”大堂的服务生应该也不会狐疑太久，甚至，她当下就忘记听见了什么外国语。

然而我记得，记得之后还会形成一种蠢蠢欲动的推力，让我想要把那些和生活事实镕铸成一体、却又可能随风而逝的字词一一揭露、一一钻探、一一铭记。

于是，这些我姑且称之为“得胜头回”的段落之后，便是关于字的形、音、义与词组的说解、甚至延伸变化。这一部分的内容原本来自我多年以来为《读者文摘》杂志所写的一个专栏，专栏名称“字词辨正”。

不过，早在数十年前，还是林太乙女士主持《读者文摘》编务的时代，便已经邀请散文家、也是翻译家梁实秋先生开创了这个专栏，每一两个月，就会刊出一次，当时我还在初中就学，每一次拿到当期杂志，总会先读这份“考卷”——十道四选一的选择题，考验读者对常用字辞文义的了解程度，记忆中，每十题答对两题以下是“差”，答对三到五题是“可”，六到七题是“良”，八到十题是“优”。我的程度从来没有超越过“可”；可是我对于这个专栏的兴味则远超过“开怀篇”，而且在记忆中，我还常因为自己的答案错得离谱而乐得哈哈大笑——其开怀之效果不亚于读笑话。

梁先生晚年不多写作，专栏易手，一度由电视台《每日一字》《每日一词》节目的撰稿人、也是作家林藜（本名黎泽霖）操刀，持续了不多久，又中断了。林藜先生于二〇〇一年过世，而这个曾经复活过的专栏，于我而言已经收纳在典型的二十世纪风华档案之中，它若是在本世纪还能出现，应该是天大的意外。

然而生命中总还是会发生些意外的。

二〇一一年，《读者文摘》国际中文版的编辑张青和陈俊斌向我约专栏稿，我觉得自己没有以散文行世的资历，岂能擅开专栏？不过，如果能承接梁、林二位前辈所曾从事的工作，倒是可以为文字辨识教育略尽绵薄之力。较之于两位前贤，我是幸运得多了，我的总编辑多给了两页空间；如此一来，就有充分的篇幅让读者在猜谜之余还能够获得解谜的乐趣。十个考题的对错分明，乃是知其然；多了两页说解，便还能够从文章里识其答对答错之所以然。

如果你要问我：书名为什么要叫见字如来？这本书跟如来佛有什么关系吗？的确，“如来”（梵语 Tathāgata）二字脱不开它在佛教或佛学里的诠释。不过，我的学问没有那么大，顶多只能就这两个字最浮泛的意义来说：“如”，好像；“来”，来了、接近自我了。

如来，就好像来了一样。什么来了？就说是每一个字背后所启迪的生命记忆来了罢。对任何人来说，生命只走过一回；但是字却将之带回来无数次——只要你愿意读。

壹

见自我

害怕

别害怕！每个字都是文言文

——怕，是一种深刻而变化多端的情感，早在字中一一展现。

百多年的近世以来，每到有人想起文化或教养这一类问题要紧的时候，就有打倒旧学或缩减古典的议论；或以为只有让假设为多数的年轻学子学得更轻松、更惬意、更愉悦、更家常，则他们对于文化教养的排斥心就越低，文化教养的传承就有救了。

我的看法不大一样。我总是拿认字的流程来想象文化教养的浸润历程。当有人认为文言文在教材的比例上应该降低，以免“孩子们”尽学些他们不懂而又迂腐、保守的文本和观念，我只有一句话可以反驳：当真正的学习展开的时候，每一个单独的字，都是文言文。这，得从头说起——

刚开始上文字学课的时候，有一种极大的恐慌，直以为汉字以千万计，莫说学得完，即使想要撮其要旨、窥其数斑，怕也不是三年五载可以有什么进境的事。这个念头一动，在许慎和段玉裁面前，就显得特别萎靡。

教授文字学的王初庆老师又特别重视考征引据，但凡某字某文有异说，就要满黑板抄录，不只是作古几个世纪的前贤，还有近现代甚至当代的学者：金祥恒怎么说、弓英德怎么说、唐兰怎么说、龙宇纯怎么说……那些个说法，多少涉及了由一些个别之字所显示的构字原理，到普遍的造字法则，也就因之而提示学生：在解剖一个字的诸般元素之际，我们不只要发挥和造字者类似的想象力，将字符合所要表述的对象、意义甚至思维和情感都还原一遍，而且尽可能找到有规律的性质。

对于我这个从来就是不耐操心的门外汉而言，就呼应了先前所说的：每一个单独的字，都是浓缩了不知道多少倍的“文言”。

比方说，我的两个孩子刚刚在隔壁房间打闹，一个说：“你不要害我啦！”另一个说：“你才不要害我！”两个人说话的时候都间杂着笑意和笑声，这使我能够继续放心地写下去，因为他们所使用的这个“害”字，并没有常用意义上（如陷害、残害、毒害、杀害）那样令人害怕。

我们懂得这个“害”字吗？根据当年王初庆老师随手抄录引用的那些文字学家的看法，表现在口语中如此简单、平易的一个字，却有着三言两语解释不清的“义法”——也就是这个字之所以能够创造出来的背景思维。

“害”字的顶上是个“宀”（读若“棉”），意思是屋宇、房舍；更多的时候，所表述者，家也。在这个家里，形成祸害之事，泰半起于口舌纠纷，所以字的下方有一个口，象征着吵架、争执。在屋顶和口角之间，我们还可以看到一个字形——丯（读若“介”），表现出丛草散乱之形。这可以解释成家人一面口角、一面扭打或破坏家具的情状。试问：单单这么一个“害”字，究竟是多少生活里的经验所累积、而又不能不透过明朗可解的字符拼合组建起来的呢？把这一个字的来历说清楚之后，回头再看看这孤零零的一个字，它又是多么凝练的一个符号呢？

然而，“害”，还不只是一个字而已。

汉语一字单音，同音字很多，本来一个字就能表义，可是为了不与同音字混淆，常常加一个字成为语词，以便区别。比方说：国要说成国家，民要说成人民，军要说成军队……不胜枚举。怕，也不例外——我们也常说成“害怕”。

害怕，人情之常，可是害这个字是怎么放在怕字之上的呢？害，原本不就是灾祸、妨碍、使受损伤吗？不，害也有怕的意思。害怕，居然是同义复词。近世语中的“害羞”“害臊”本来就是指怕羞、怕臊；而用害字表达怕义的渊源却更早。

《史记·魏世家》里有这么一幕：楚国的宰相昭鱼请谋士苏代出主意，要让魏国的太子继新死的田需之后，当上宰相，昭鱼才放心。从楚国的立场来说，若非魏太子，而是秦国的张仪、韩国的犀首或齐国的薛公入魏为相，对楚国是大大不利的。司马迁如此写道：“魏相田需死，楚害张仪、犀首、薛公。”这里的害，就是忌惮和害怕了。接下来为了在用字上调节变化，一连两处重复以昭鱼的观点叙述此事，司马迁是这样写的：“田需死，吾恐张仪、犀首、薛公有一人相魏者也。”可见“害”，就是“恐”，也就是“怕”。

“恐”字的来历相当具象。早在（可能还早于甲骨文的）陶文之中即有（）。底下的心表示情绪，上面一个又像ㄞ（编者注：台湾拼音符号，读 āi）、又像五的字符，就是“拱”（抱）之形，人害怕了，蜷缩似拥抱，好像也很合理。

心字部表达害怕的字还真不少，这一类的形声字音符大多具备实际的意思。

怯，一看音符是个去字，就知道那是因惧怕而要逃避。怖字的音符（布）是祀神所献贵重之物，而深恐其污损不洁；布当然十分贵重——它还是货币呢。

怵，读若“黜”，这是因为作为音符的术是一种野生的苦草，可以入药；人不是怕吃苦吗？怵，便也表述了惧怕。

悚，是个简化字，原本写作“愯”。而这个愯字右半边的声符不是“只（隻）”，却又是一个简化了的“双（雙）”字。双，又与害怕有什么关系呢？两个极端相似之人忽然相对，也许还真会令人错愕罢？

惶，也是常常用来表达恐惧的字。皇，盛大貌；那么，惶字所呈现的恐惧就有了敬畏的意涵。

还有，惴；除了惧，还有忧义，也就是担心害怕。这种怕，不是基于突发的情况，多带着一份惶恐。那是由于“耑”为草木初生的幼苗又若难耐风雨寒暑，用意层次就复杂多了。

还有惮，也有惧义。这一点很好解释。你怕孤单吗？不要逞强，你怕的。

比起“惧”来，“怕”这个字虽然易写又常用，却难以意会得多。惧（懼）字的音符是瞿，上边一双瞪大的眼睛，底下则是鸟身，活脱脱“鹰隼之视”；被一只猛禽怒目而视，岂不害怕？

倒是这个“怕”，甲骨文、金文皆不见，据文字学家判断，此字原来不念“帕”音，而是“泊”，表内心恬静，了无激动之义。白，是日出之前所显现的微光，有一种单纯、高洁的气度。《老子·二十章》说了：“我独怕（读若“迫”）兮其未兆，如婴儿之未孩。”（只有我独立而无所作为，没有外在的形迹征候可见，就像婴儿还不会笑一样。）

虽然怕字原本不怕，可是后来为什么怕了呢？到现在为止，还是一个谜。我们大约也只能在杜甫的诗句“老夫怕趋走，率府且逍遥”和元稹的诗句“侠客不怕死，怕在事不成”中推测：那是中古以后书面文字追随方言俗语而导致的变化。毕竟，我们有时候还真说不上来为什么我们会怕！

字词辨正

有什么好怕的？

一、下列哪一个词中的“害”字与他者不同？

①害酒 ②害病 ③害臊 ④害渴

二、下列哪一个“怕”字表达的是猜测之义？

①孔子删定三百，怕不曾删得如此多 ②脚下震震摇动，吓得魂不附体，

怕是山倒下来 ③自心思忖，怕咱做夫妻后不好 ④暮雨相呼，怕蓦地玉关重见

三、从文字构造上看，“怯”是一种什么样的表现？

①谨慎 ②恐慌 ③逃避 ④畏缩

四、“怖”字的本义与下列何者有关？

①巨大之物 ②贵重之物 ③罕见之物 ④丑怪之物

五、良药苦口，可是人却怕吃苦药，这形成了哪一个表述惧怕的字？

①怵 ②怕 ③悚 ④悸

六、哪一个跟害怕有关的字含藏着忧虑呢？

①惧 ②惴 ③惶 ④怯

七、害怕的时候，紧紧蜷曲身体，拥抱双臂，与下列哪个字有关？

①怵 ②怯 ③惧 ④恐

八、“怕”的本义是：

①脸色苍白，不能自持 ②情绪起伏，作息难安 ③疑神疑鬼，动辄惊栗 ④内心恬静，了无激动

九、下列哪一个字所表现的畏惧之中含有敬意？

①悚 ②恐 ③惧 ④惶

十、出个题外题：“我独怕兮其未兆，如婴儿之未孩”的“孩”是什么意思？

①童真 ②恐惧 ③哺乳 ④嘻笑

答案：③、①、③、②、①、②、④、④、④、④

禮貌

礼是礼、貌是貌，因貌而知礼

——外表不像样，就没有本质；这是中国人讲礼的精神。

各人以本分相待，这在我的原生家庭三人组合里，就是关于礼貌的简单注脚。是以我年幼时关于“礼貌”这件事的认知，几乎就是“本分”二字。正由于家中人口简单，上一代七兄弟、二姊妹，一堂数十口成员的光景倏忽零丁，父亲内心是相当焦虑的，总会对我说：“打小没有那些七大姑、八大姨的，你很难学做人。”

这话，我是在长大之后许多年、自己都成了家、开始养儿育女之后，才逐渐体会到的。其中最简单的一个道理就是：我的孩子没有叔、伯、姑姑，无论我如何解释：山东祖家那边有多少多少亲戚，他们的反应都是一副事不关己的模样。看在我的眼里，直觉自己没有尽到什么该尽的本分，换言之：没有礼貌的是我。

父亲当年关于礼貌的教训自有章法脉络。他总会在最欢乐的场合，注意我是否忘形失态，随即耳提面命。所以，我受训斥的记忆常与愉悦厮闹经验的记忆绑在一起。比方说：入学之前我在家里没有玩伴，一旦有客人来访——特别是访客还带着与我差不多同龄的孩子，通常我都会格外撒泼淘气，大人每每呼为“人来疯”的一种毛病。

每当访客离去，父亲就会抬手扶一扶眼镜框，那就表示他要认真骂人了。开场白一向是：“常言道：‘人前训子，人后训妻。’这是要面子的人干的事；我呢，总想着替你留点面子，所以呢，还是等人走了才说这些。刚才……”刚才如何呢？还不就是我闹“人来疯”、说了哪些不该说的话、玩了哪些不该玩的把戏；总之也就是失了分寸、没了礼貌。

有些时候，就算不闹“人来疯”，这种教训也如影随形。那一年，我已经大学毕业，进入研究所攻读，无论从年纪、经历种种方面来说，都是个大人了，居然还在应对进退上给“人后训子”了一番。大年初一大清早，住在同栋三楼的汪伯伯叩门拜年，我开门迎客，拱手为礼，还道了几声恭喜。

不过就是这么几秒钟的交接，待汪伯伯离去之后，我关门转身，看见父亲又是一扶眼镜框，叹了一口气，道：“多大的人了，你连个年都不会好好拜吗？怪我没教好罢！”原来父亲在意的是我那开门一拱手。在老人家看来，拱手相贺，是同辈人之间相施之礼；晚辈见长辈，是不能拱拱手就算数的。要拜年贺节，就得深深一鞠躬。他这几句话一吩咐，我的眼泪都掉下来了。一方面觉得自己没出息，一方面也懊恼父亲不留情面。这，不是大过年的吗？开春头一天，就给我来这套干吗呢？

日后逢年过节，无论是在自家之中、抑或是在江湖之上，但凡与长辈贺节，我都谨守鞠躬之礼，有人受了这一礼，表情并不自然，似乎还觉得我礼过其分，可是我也安之若素，有一种一意孤行的快意。

礼是什么？礼，不外就是各尽本分，安则为之。

礼（禮）的左侧偏旁是一个“示”，代表神祇。右上方凵形的容器里放着一个“珏（玨）”，这是用以敬神、祭神的贡献之物。虽然“珏”是一个完整的字，指一对成双的玉器，不过，在此处似乎也不必拘泥，就算献祭的玉器多过一双或者少于两个，也无碍于礼的进行——我们甚至可以想象：之所以用“珏”（对玉），可能只是为了表示祭物丰富而又能展现字形平衡罢了。

至于“礼”字右下方的“豆”，原本为盛肉之具，也是标准的礼器，径一尺、容积四升，后来成为黄豆、绿豆之类名，是由于同音假借的缘故。从字形的各个组成部分来比合推断，礼，就是敬神的仪式了。也由于敬神之虔诚肃穆，是一种文明的锻炼，以及行事的规范，于是，“礼”甚至还具备了道德上的含意。

在中国文字里，会意字的出现是一个奇特的现象。许慎《说文》序中解释会意字所用的文词是：“比类合谊，以见指撝。”这里的“谊”，不是情谊、友谊，而是指意义。

一个字，必须先拆分成各个字符，从而再想象出各字符整合起来的意义。许慎在“会意”这一造字概念之下所举的字例是“武”和“信”两个字——乃有所谓“止戈为武”“人言为信”。也就是说：各部分独立的字符要连缀在一起，才能表达一个新的意思，而这个新的意思，则是组成之字的字义。礼，便是这样的一种字。

以礼字造词，今天最常见的就是“礼貌”，说人与人交接对待的时候，应该表现出恭敬谦逊的态度。不过，这两个字最早出现于《孟子》，所指涉的根本是两回事。

礼，按照制度或规矩待人接物；貌，则是施礼者自然流露的态度。如果行礼如仪而“貌衰”，也就是表现出不诚恳的样子，则“礼”的本质和精神就算破坏了。孟子正是以“貌”来判断诸侯对待士人之诚恳与否，才会说：“礼貌未衰，言弗行也，则去之。”“礼貌衰，则去之。”

自古礼、仪并称，从《诗经》《周礼》到《史记》都有这个字眼。仪字出现得晚，至少在现有的甲骨文资料中尚不得而见。而在钟鼎文里，仪（儀）和义（義）根本是一个字（），义字添了一个人作为偏旁，内涵并没有什么区别，多以强调人之判断事物，需有一定的准则。所以许慎《说文》认为：仪者，度也——也就是衡量的判准。

仪，相当少见地，是一个几乎没有负面意义的字。如果跟它的孪生兄弟“义”比起来，义尚且有“假”的意思（义肢、义父）；而仪，就是指容止、礼节、制度、礼器、标准、效法、推测……或者，还有一个不常见的用法，指称神明或稀有的祥瑞（如凤凰）来到人间，亦谓之“仪”，“惟德动天，神物仪兮”“有凤来仪”等是。顶多“仪床”一词，人们不大爱听，它指的就是灵床。

仪字还有一个特点，就是用来代表人物的特别多。

人们提到战国时代的纵横家，就会说“仪尚”（张仪、靳尚），“仪衍”（张仪、公孙衍），“仪秦”（张仪、苏秦），“仪轸”（张仪、陈轸）；提到会造酒的人，就说“仪康”（仪狄、杜康）；提到有才华的兄弟，就说“仪廙”（丁仪、丁廙）。此外，作为名字的仪，也通“娥”，舜妃娥皇也被呼为仪皇，甚至嫦娥也被呼为仪，月亮便有了“仪景”这个别名。

据明代流传下来的笔记小品声称：到了端午节那一天，人们不只抹黄酒、插菖蒲、食米粽、赛龙舟，以及“采百草以制药品，觅虾蟆以取蟾酥”，还会在家中楹柱之上倒贴手书的“仪方”二字，为的是“避蛇虺”。然而——恰如罗大佑所唱的——那是我所不能了解的事：为什么“仪方”这两个字会让虫蛇害怕呢？

谁能告诉我？

字词辨正

礼乎？仪乎？

一、“豆”的本义是：

①一种谷类植物 ②细小的物件 ③盛肉的器具 ④外形圆而光滑的东西

二、三国时代，皇甫规的美才女遗孀拒绝再嫁给董卓，詈骂不屈而被鞭扑致死，死后为世人尊称为：

①礼宗 ②礼阁 ③礼容 ④礼阃

三、“礼三本”是指：

①天、地、人 ②天地、先祖、君师 ③周礼、仪礼、礼记 ④老子、孔子、

孟子

四、“礼先一饭”一语与年纪大小有关，说的是：

①在家中共食，长辈先用饭 ②招待宾客，要请年长的客人吃饭 ③年齿相差即使是一顿饭的时间也要讲究 ④年辈大的人要负责照料年轻人饮食

五、古代端午节时，书写哪两个字倒贴在楹柱之上，以避虫蛇？

①仪令 ②仪方 ③仪刑 ④仪天

六、“心仪已久”的“仪”，表达了仰慕之情，其原意是指：

①揣测 ②效法 ③礼敬 ④馈赠

七、“仪床”是指：

①婚床 ②摇篮 ③文案 ④灵床

八、下列哪一个词语不是指称两个人？

①仪秦 ②仪轸 ③仪康 ④仪景

九、下列哪一个语词所指称的不是凤凰？

①仪禽 ②仪羽 ③仪鸾 ④仪凤

十、下列哪一个“仪”字所指不是礼金？

①祭仪 ②赆仪 ③程仪 ④奠仪

答案：③、①、②、③、②、②、④、④、③、①

赌博

无所用心，不如博上一把

——宽容、通达、竞争、换取，还有什么不是博？

我在二十三四岁的那两年里，每逢农历正月初五，都会到当时任职《时报周刊》发行人的简志信先生家拜年。拜年是借口，主人客人都明白，所谓“宴无好宴、会无好会”，大家午间去、午夜不散，本来就是红着一双眼来，也红着一双眼走，为的是赌“马蚱”。

“马蚱”，拟音之词，就是简易版的牌九。用麻将牌的三十六张筒子、加上四张白皮，四十张洗乱成一锅，一轮庄、四家拿牌打两锅，旁人插花可以插到二三十家不止。输赢看点子大小，八点以上翻倍，摸着了对子牌，则从四倍起跳，名之曰“豹子”，最大的白板一对，叫“板豹”，拿着这副牌，可以收取十三倍的押庄钱。

那些年平日在周刊打工，我的工作是编辑，薪水之资，不过维持开销而已，听说简公家开局放赌，虽然是一场迎春贺喜、带有团拜性质的聚会，多多少少也巴望着趁趁手气，赚一笔横财。这心情，人人有之。据说有人还深通赌行乞灵弄鬼之术，不外就是里面穿上艳红内衣、内裤之类的把戏。

在第一年里，我的输赢究竟如何？已经不复记忆，第二年则输得痛不欲生。事后回想起来，大约就在半夜两点钟前后的半个小时里，我非但输光了身上的现钞，还欠下一笔至少折合月薪三个月的赌债。

我的债权人是资深记者赵慕嵩，他老人家早年是《联合报》资深的社会记者，在我入行之前多年就已经是退休之身，由于放不下追根究柢、风闻记事的生涯，遂于花甲之年仍受聘担任《时报周刊》的特约采访。在简公家大年初五的赌局里，赵老大向来是豪情一掷、福惠众家的财神爷。他原本也是出于好意，借了我几张大钞翻本，不料瞬息之间，风云巨变，一路翻赔，再无恢复之势。即使其间当上了庄家，也往往是以一赔三，还要加码打发那些秃鹰也似的插花客，终不免越陷越深，回天乏术。

最后，只听见赵老大在我身后低声说了两句："留得青山在，明年再回来！"

消磨了运气、又失去了奥援，大丈夫坐困愁城，也没有人愿意再跟我耗下去了。一时之间，我只能扼腕太息，深恨不已。随众人没滋没味地喝着一碗粥，听赵老大说些社会上曾经发生过的因赌而败家、因赌而丧命、因赌而入狱的小故事。他的意思是：我这点小小折损，算得了什么呢？

“在简公这里，只是小小江湖而已！”他说。

然而对我来说，认真想想自己的人生，大概可以说是“已经跌入了谷底”。只能幻想赵老大忽然之间大发慈悲，说：“毕竟是过年，咱们的债务一笔勾销罢！”然而，这事并未发生——我的债权人只能慷慨到让我分期摊还的地步，每个月五号，也就是报社发薪水的日子，赵老大都会从高雄的时报办事处打电话给我，提醒我：“大春啊！你的小江湖到期了！”

赌，一般不以为是件好事，可是“赌”字之构成究竟是怎么回事？

这得从它右边的声符“者”字说起。者，本义是分别事物之彼此，所谓“别事词”，有如今天我们口语中的“这”。而“者”（），根据古文字学家严可均广泛证诸钟鼎文字的解释）的字形字音又和黍米有关，由于黍米颗粒众多，而众多之物又必须彼此分别，“者”便是直指众多事物之一；王衍的《醉妆词》即是：“者（这）边走，那边走，只是寻花柳。”

写《醉妆词》的王衍是五代人，他有一个同名同姓的老前辈，比他早出生六百多年，是个风雅飘逸的士族。此公雅好谈玄，鄙恶俗物，尤其讨厌妻子贪爱钱财。有一回，他的妻子想试试他，趁他睡着时令婢女拿钱绕着床铺堆放，让他起身之后无法举足。王衍醒来见四周摆满了钱，却连钱字都不肯出口，只高声叫唤婢女：“举却阿堵物！（拿走这些东西）”此事逐渐传扬开来，“阿堵物”反到成为钱的代称了。

阿堵，就是“这”，也有个“者”字音符，而钱之为物，不正和黍米一般，总是聚积多数吗？尤其是逢着赌博的场合，局戏一开，胜负相争，莫不求多。赌字从者字发音，谁曰不宜？至于左边的形符“贝”，自然就是筹码了。

王衍之后一百多年，是谢安的时代，淝水战前，偏安一隅的东晋朝野大为震恐。此时谢安奉命为大都督，却把亲朋族友聚集在山间别墅里大事赌棋，后人以成败论英雄，称之为“赌墅”，表示临危不惧的大将风度。这个例子提醒我们：以赌字造词，未必全与金钱游戏有关。赌春，是拼酒的意思；赌气，是负气的意思；赌狠，是逞能的意思；赌咒，是诅咒自己以表心迹的意思。此外，相传尚有“赌空”一词，说来简单，就是猜猜我手里抓了什么？“赌书”所竞争的是学问，一曰书法优劣，二曰背诵生熟，都可以用这个词。果然，赌不一定是耍钱。

赌博二字连用。一般说来，博字给人一种广大通达的印象，是个好字。此字甲骨文中不见，金文（）、小篆（）则十分相似，都是一个“十”（象征广袤周匝之义），再加上声符“尃”（读若“夫”），这个字含有散布的意思。称道人“博学”“博闻”“博涉”，即赞其能广知散于四方之事。至于跟赌字连成一词，其情不喻可知：钱财也就要辗转散布于四方了。

不过，细究起来，十方收来复散去，博字之作为“大通”解，原本有出有入。所以也常包含着“交换”的意义，俗语“博君一笑”“博君一粲”“博君一噱”，都是利用笑话或逗趣的方式，促人一乐。罗隐《炀帝陵》之句，深为隋炀帝不值：“君王忍把平陈业，只博雷塘（炀帝下葬之处）数亩田。”这感慨，尽在一个“博”字之中了。

博字用为赌戏，也往往比赌字看来正当得多。《论语 · 阳货》：子曰：“饱食终日，无所用心，难矣哉！不有博弈者乎，为之犹贤乎已。”用今天的话来说，孔子的教训可以转译为：“整天吃饱了饭，什么都不想，真是太难成材了！不是有捉宝可梦（编者注：游戏，大陆译名《口袋妖怪》）的吗？划划手机，总比什么都不做要好。”

“博士”算是成材了，然而，未必一定指博古通今或者学位高尚。古代对于拥有某种技艺、或者是从事某一专业的人，也带着些许微讽的趣味，以此敬称之。“酒博士”是榷酿酤酒之人，“茶博士”是伺候茶水之人，“染博士”则是染布的工匠。明人黄省曾《吴风录》云：“至今称呼榷油（榨油）、作面、佣夫，皆为博士。”

至于真博士如何？颜之推的《颜氏家训 · 勉学》里说：“邺下谚云：博士买驴，书券三纸，未有驴字。”一口气写了三张契纸，怎么连个驴字也没有呢？博士的想法应该是：若不絮絮叨叨打一番哑谜，以为博戏，岂不辜负了这一肚皮赌资？

字词辨正

居然赌字从多来

一、“阿堵物”常用来指称：

①书 ②钱 ③人 ④墙

二、下列何者比较接近“博弈”之意？

①赌气 ②赌狠 ③赌春 ④赌咒

三、“赌墅”是指：

①从容不惧，有大将之风 ②聚精会神，见专注之力 ③荡尽家产，有豪迈之气 ④落魄街头，无家宅可归

四、除了比赛书法之优劣以外，“赌书”还有什么意思？

①以家藏书卷为赌资 ②不惜抛售善本、珍本之书 ③与人竞争藏书之多 ④比赛背书的记忆力

五、“赌空”究竟是在赌什么？

①竞猜胜负却不以钱财为注 ②手中握着东西让人猜 ③输到家徒四壁 ④将全部赌资押在一注之上

六、下列句中，哪一个“博”字意义与他者不同？

①不有博弈者乎？为之犹贤乎已 ②大哉孔子，博学而无所成名 ③君王忍把平陈业，只博雷塘数亩田 ④博我以文，约我以礼

七、“博投”是哪一种赌戏？

①掷骰子 ②射箭较准 ③斗叶子牌 ④围棋

八、“博士买驴”是形容：

①旁征博引，曲尽形貌 ②落笔细腻，娓娓道来 ③章句杂凑，炫耀学识 ④文辞繁冗，不得要领

九、下列哪一句诗中的“博”字意义与他者有别？

①且博千金买笑歌 ②市头博米不用物 ③多博村酤劳苦辛 ④英雄几夜乾坤博

十、下列哪一个词语不是地名？

①博浪 ②博鱼 ③博望 ④博山

答案：②、③、①、④、②、③、①、④、④、②

肥

人若宽心不怕肥

——现代人以肥胖为丑、为病，甚至还是社会负担，那么从前呢？

我在开始出现老花征兆的那两年里，同时体会到加西亚·马尔克斯对于年老的警醒之语："年老，就是感觉到器官的存在。"如果不太计较器官二字的医学定义，我觉得腰围也算数。

那两年，我还有一点维持外观的心思，积极运动，每周四五天，都在健身房里骑一个小时单车、在跑步机上快走十多公里、游泳两千米，有时还做一点重量训练。有如上瘾一般，让腰围句二十八吋收缩，便成了我人生极大的目标。我的朋友谢材俊不止一次警告过我："运动量不要太大，不然撑不久。"

我已经习惯了健身机具上所显示的数字，只觉得维持那数字（甚至经常刻意增加一些）并不艰苦，自然没有把过来人的忠告当一回事。直到有一天，巨大的倦怠感就像天顶打下来的一个霹雳，摧毁了两年来积淀的一切努力。我忽然口占了一首诗："原地圈圈奔似飞，平生何啻减腰围。楚姬纤细邀谁看？人若宽心不怕肥。"

楚姬，楚国后宫之中的女人——虽然不一定只是后宫，也不一定只是女人。

《荀子·君道》说的是："楚庄王好细腰，故朝有饿人。故曰：闻修身，未尝闻为国也。"似乎并无性别专称。

到了墨子那里，则把这件事数落在楚灵王头上。《墨子·兼爱中》说："昔者，楚灵王好士细腰，故灵王之臣，皆以一饭为节，胁息然后带，扶墙然后起。比期年，朝有黧黑之色。"一饿饿上一整年，饿得脸色发黑泛黄，确实需要超凡的意志力。

另据《墨子·兼爱下》相似的记载："昔荆灵王好小要（腰），当灵王之身，荆国之士饭不逾乎一，固据而后兴，扶垣而后行……而灵王说之。"说的仍旧是：楚灵王喜欢臣子有细腰。所以朝中的大臣，每天只吃一顿，以便控制腰围。不仅此也，百官上朝议事之前，都要屏息缩腰，得扶着墙壁才能站起来。这是多么艰苦的修行？可是不如此，似乎不能讨楚灵王欢喜。此时，"姬"还没有出现；换言之，为邀楚王之顾盼而饿得发昏的，应该还是朝臣。

到了韩非子笔下，喜欢小蛮腰的还是楚灵王，可是借由瘦身而邀君侯之宠的，已经不只是朝中之"士"，而是广大的国人了。《韩非子·二柄》说："越王好勇，而民多轻死；楚灵王好细腰，而国中多饿人。"

成书必不在春秋时代的《管子》可能出于后人所伪托，却也没有放过这一条带有讽喻性质的琐语："楚王好小腰，而美人省食；

吴王好剑，而国士轻死。”这是先秦关于“楚腰”的记载中第一次直指靠腰取宠的是女子。

之后，汉代成书的《淮南子·主术训》：“灵王好细腰，而民有杀食自饥也；越王好勇，而民皆处危争死。”稍晚一些的刘向编写《战国策》，在《战国策·楚策·威王问于莫敖子华》中记载：“灵王好小腰，楚士约食，冯（凭）而能立，式而能起。”这一段的故事与墨子所言没有太大区别，主旨还是在说明：权柄的威胁或诱惑能够让人拂逆求生的本性。

然而，典故虽然有其命意，寖假渐久，歧误滋多，连唐代的大诗人刘禹锡也留下了自己的注脚，他说这事应该归之于楚襄王，其《踏歌行》有句：“为是襄王故宫地，至今犹自细腰多。”似乎宁可相信：忍饿瘦腰的，还就是宫娥而已。

我眼看着将近两年来的汗水白流，颇有刘玄德“髀肉徒增”之叹。然而，继续运动下去的意志消磨殆尽，只觉得生而不做楚臣楚姬，为什么要为他人之悦目而斤斤计较自己的日益宽肥呢？在那首诗后面，我写了一行小跋：大丈夫何患无腰？

写罢了才发现，腰字写错了——我写成一个“月”字偏旁。

讲究用字的人会非常在意书写的微细差异，像是部首在“玉”，听不得人说这是“王字边”；部首属“虫”（读若“毁”），不容人说这是“虫（蟲）字边”。只有“肉”和“月”同化得相当接近，除了初识字的学生考试为难之外，不大有人在意。

若真要分别，也还算简单——但凡是与动物身上脏器、组织、成分等有关之字，都归于“肉”部，其余如“朕”“望”“胜”之辈则通通赶去“月”字的麾下。

我倒是上过一次当。初中三年级，国文老师申伯楷先生忽然在黑板上写下“月一盘”三字，问我们盘里盛了什么。课堂上自觉脑筋兜得转的都嚷起来：“是肉！”

“错了！”申先生笑道，“是山药。”山药亦称“薯药”，蜀主孟昶每月初一都茹素，爱吃山药，宫人进膳时给起个风雅的名称，颇能讨皇帝的喜。

时人重养生美容，医学专家也屡屡呼吁人们控制体重。这使“肉”部的许多字看来可厌，非仅不悦目，更隐隐带来健康的威胁；而“胖”字必是其一。

就常民语意来说，肥已不可救，胖却常随身，是挥之不去的阴影。然而，这个字最初是将牲口破体中分，左右各半的意思，读若“判”，所指的乃是动物胁侧的薄肉，并没有肥大之义。根据古籍载录，大约同时出现的一个读音是“盘”，意思是“安舒”“愉悦”；“心广体胖”指此，表现了一种以开阔心胸为快乐之本的教训。“胖子”“胖大”则是后来才衍申出来的音义。分肉、安舒、肥大，三个意思，三个读音。

毫无疑问地，“肥”即多肉。有的文字学者把这个字的右边解作“卩”（节字的省写，就是骨节），骨节本无肉；一旦有肉，肯定是肥。于是，丰厚的食物、丰满的肌肉、丰美的壤土、丰裕的情境，都能以“肥”来表示。《毛诗传》指称“同源而异流”的水为“肥”；但是《水经注》却认为“异源而同流”的水才是“肥”。这两种说法恐怕谁也驳不倒谁。

杜甫诗里不止一次出现“轻肥”的用语，无论“同学少年多不贱，五陵裘马自轻肥”或“掌握有权柄，衣马自肥轻”所形容者，皆是非比寻常的富贵。朱门巨室中人，穿衣何啻保暖而已？衣裘讲究的“轻”，当是择取上好的丝织品与毛织品。

而“肥”字意思更为复杂。这个字，早在《易经》的卦传里就和“遁（遯）”字连用，不只是形容多肉而已。由于肥有“饶裕”的意思，“遁”卦上就有一种“只缘身在最高层”的况味，处境如此，持盈保泰之道，唯有隐退，所以“肥遁”连用，还有提点那些掌握极高权柄的人“见好就收”的教诲。

中外文字对油脂的恶感略同，grease是油脂，浮华少年也常被冠以greasy的形容词，grease the palm of即是贿赂；中文“揩油”之喻类此，“肥差”“肥缺”“肥秩”，哪有不暗示当权之“自肥”的呢？“膏粱子弟”说的是富贵之家的纨绔，而“膏”字本解就是融化的脂肪。

除了浆、糊而带油性的状态称为膏，春风化雨，沾衣不湿的情味，也常以“如膏”形容。再抽象一个层次，“如膏之雨”所及，润物而不至于成灾涝，“膏沐”便可以拿来比拟清官善政以及在上位者所施予的恩德。大约除了“膏粱子弟”之外，令人不安的“膏”也就只有“病入膏肓”了。这个词是汉医用语——心下有微脂，鬲上有薄膜，病侵此处，针药不能到，就算没治了。

低脂、少油的流行讲究会逐渐让这一类滑腻的字益发使人不快，不过，最新的医学研究指出：只要不过胖，身体脂肪较多的人比瘠瘦的人长命。请低头看看“腴”处——那儿是小腹；你有长寿的本钱吗？我可是积累了不少。

字词辨正

肥胖何须尽在身

一、“月一盘”三字听来风雅，它究竟是指什么呢？

①盘中堆白肉 ②盘中注清水 ③盘中盛山药 ④盘中铺面饼

二、“脂水”一词，所从来久矣，但是不包含以下哪一个意思？

①石油 ②煮肉所得的高汤 ③妇女盥洗后剩下的水 ④人体组织因溃疡而分泌的液体

三、在指涉动物身体之时，“胰”特指哪一个部位？

①面颊 ②腋下 ③胸乳 ④下腹

四、“轻肥”说的是 ：

①微胖 ②略瘦 ③贫弱 ④富贵

五、“肥遁”在古代指称 ：

①聚敛 ②退隐 ③逃亡 ④剽窃

六、“富润屋，德润身，心广体胖”，此处的“胖”是安泰舒适的意思，读若 ：

①盘 ②绑 ③庞 ④判

七、“油云”所形容的是 ：

①微抹之云 ②飘浮之云 ③疾飞之云 ④浓厚之云

八、“油浸枇杷核”意思最接近以下何者？

①油锅上的蚂蚁 ②油瓮里捉鲇鱼 ③琉璃蛋 ④油煠（炸）猢狲

九、“膏”“兰”二字并举，成为一个隐喻之词，是在比拟什么样的人？

①损己利人之人 ②损人利己之人 ③贫贱出身之人 ④纨绔贵游之人

十、“油回磨转”意谓 ：

①峰回路转 ②回心转意 ③非常着急 ④十分忙碌

答案：③、②、④、④、②、①、④、③、①、③

酒

醉里乾坤大

——饮酒不只放松情绪，喝着喝着，还有很多字可以认得。

那是四十年以前的一个春天，我和同系又邻宿舍的几个同学相约饮酒。为什么要喝？除了感觉这样有些长大的气息之外，似乎没有旁的缘故。喝什么？倒值得仔细研究。

有人根本不喜饮，但是舍不得错过大伙聚会，便主张喝酒精度数比较低的啤酒；有人想夸示自己的酒量，便主张喝高粱、大曲；也有人对酒体没什么成见，但主张调和中庸，觉得绍兴、陈绍不那么辛辣，也不至于撑肚子，加之以话梅、柠檬，还颇有些甜酸饮料的风味；也有人认为独沽一味不如百味杂陈，想喝什么？何不饮者自理，到时候想尝尝别人的喉韵滋味，就相互换盏，也算是一种风趣了。

日后想来，那一番讨论却比喝酒的景况更耐人寻味。我们随即扩散了邀约的范围，去至更远的寝室，也旁及其他的科系。大部分的人一听到“要不要喝酒？”之一问，无论参加与否，脸上都会流露出那种“要干一件不大得体但是一定很好玩的事”的欣羡之情。真正参与中文系酒约的外系人口其实不多，他们甚至像是商量好了的一般，也都没有“自备口粮”，多半浅尝即止，混两三杯霸王酒，拍拍屁股就走人了。

我说“拍拍屁股就走”不是一句套语。因为相约的地点就在文学院荷花池外的一片草地上，春夜草长露湿，起身时总会沾黏满裤子的草渣。我们挑了一棵花枝满簇的树下，席地而坐；当时谈些什么、唱些什么、甚至闹乱些什么，这么些年下来，大抵不记得了。记忆中最鲜明的，是人手一只有 500cc 刻度的玻璃杯。那型式的玻璃杯似乎是跟着高雄牛奶大王而风行起来的，自南徂北，即使不爱喝木瓜牛奶的人，也多以之为泡茶盛水的器皿。

我也有那么一只 500cc，我也用那只杯子经验了我生平第一次醉酒，喝醉的原因很简单，我自己准备的大曲三两下就被哲学系的白赖客解决了。然而意兴正浓、酒水不济，只好随意喝别人的。喝谁的呢？喝林国栋的。他是从高雄上来读书的同学，平日俭省惯了，约喝酒虽然不忍错过，却只愿意喝比较便宜的酒，那天晚上，我就是蹭着他的乌梅酒大醉而归的。

喝乌梅而大醉，是一次难忘的体验。我跟很多喝酒的朋友交换过心得，人人都说：醉在乌梅上的体验无比难受。然而，对我来说，林国栋慷慨分润的情谊实在难能再得。我和他人手一只 500cc 玻璃杯摇摇晃晃回宿舍，还能够攀爬空心砖墙上二楼阳台，究竟是如何办到的？我们第二天都说不明白。不过，这也都没什么，最让我难忘的是：天亮醒来之后，我们都发觉一桩怪事，那就是我们的500cc是半满的，里面盛的既不是大曲、也不是乌梅，而是无数落花。

“太诡异了！什么时候落的？”我问林国栋。

这个文青笑笑，说：“我们的青春啊、我们的青春！”

四十年后想来，尤然。

酒的甲骨文（）是个尖底的酉字，就是酒尊，左边看似楷书的水字偏旁，却不是水，而是溢出的酒汁形状，可见古人造字是有主张的，那水字偏旁，是在模拟酒浆发酵的情状，而非泛泛指涉液态而已。

到了金文（），我们看到的仍然是一个尖底的酒尊，只不过尊身刻画的图形略有变化，溢出的三滴酒汁省略了，酉字也扩充了它的涵义，为地支的第十位，也用来指称八月（这是由于夏历建寅的缘故），到了这个月份，谷类成熟，农事完毕，可以酿酒了。著名的毛公鼎底部的铭文就有“毋敢湎于酉”的文句，这是周宣王勖勉毛公“不可酗酒”的教训。

根据《周礼·天官》上的记载，有“三酒”之称。有事而饮，谓之“事酒”；无事而饮，谓之“昔酒”；祭祀而饮，谓之“清酒”。有事容易理解，无论私家成礼，或者是官家典仪，都可以用酒来助引情感。可是“无事而饮”，还有个“昔酒”的名目，就颇费思虑了——推测这个昔，不是往昔的昔，而是“昔肉”（干肉）之昔，后来写作“腊肉”。没事喝一点，配腊肉，这是古人最简单的娱乐了。

关于“酉”字，司马迁《史记·律书》里有文字学角度的说明：“酉者，万物之老也。”这个说法，自然是从前述八月农事熟毕而来，但是到了晋代的《搜神记》，竟然会以年岁老大的“龟、蛇、鱼、鳖、草木之属”为“五酉”，认为这些东西老到一定的程度就会变怪。

在文字演进的过程中，“酉”字成为一个部首，旁边加上一个兼具意义的声符，就会形成庞大的形声字群组。关于酒种，甜酒称为“醴”；薄酒称为“醨”；厚酒称为“醇”；清酒之用为祭祀者称为“醍”；味浓而美者称为“醑”；酒汁、酒滓相混的浊酒称为“醪”；用米谷为糜和上酒曲而发酸的饮物则称为“酰”——也就是今日我们习称的醋了。

关于制造，施以曲蘖发酵，称“酝”“酿”；去糟粕、取菁华，也就是漉取，则谓之“醡”；一夜间发酵速成的酒也有专称，谓之“酤”，右边居然是个“古”字，好像很不合乎字面义。至于发酵之后尚未过滤的酒，就叫做“醅”，醅上的浮沫，则称“蚁”或“绿蚁”，见诸白居易《问刘十九》：“绿蚁新醅酒，红泥小火炉。晚来天欲雪，能饮一杯无？”

形容喝了酒的状态，也有大量的字。微微有点儿意思了，谓之“醺”；一点儿意思都没有，谓之“醒”；意思到了，谓之“醉”；意思过了头，甚至失去了知觉，英文谓之“black out”，也有专字，谓之“酲”；比“酲”之不相上下的，还有一个词语：“酩酊”；无论意思多少，一旦上脸，就叫“酡”；酒品不好，醉后逞凶的，叫做“酗”。有时候这个“酗”字的右边不写“凶”，写“句”，说来也没什么道理。

至于饮酒场合和环节，也有不少讲究。古礼严明的时代，饮食皆须祭祀，喝酒之前，必须倾酒以祭地，还有个名堂，叫做“酹”，苏轼的《念奴娇》：“一尊还酹江月”说的就是这码事。而在《前赤壁赋》里，东坡写曹操，用的是这几句：“酾酒临江，横槊赋诗，固一世之雄也，而今安在哉？”“酾”就是滤去浊酒中的酒糟，取其清者。不过，多掌握几个语词，也还称不了“酒博士”，这个名号，是给伺候酒桌者的专呼。

我不知道你下回与人共饮的时候喝些什么？酒量几何？然而，如果席间只是翻来覆去“来”“喝”“干”那么几个字，就实在有些乏味了。酒之味，酒之趣，酒之风流，应该都不是神智舒张弛荡就算数了。再仔细想想：能够经得起一醉的落花，该有多少，才能填满青春的杯子呢？

字词辨正

酒中滋味字中求

一、酉月谷类成熟，农事完毕，那么是指农历的几月呢？

①八月 ②九月 ③十月 ④十一月

二、毛公鼎内铭文有“毋敢湎于酉”，是周宣王勖勉毛公：

①不要造酒 ②不可酗酒 ③不守礼法行酒 ④不以时令饮酒

三、“事酒”是有事而饮之酒，“昔酒”是无事而饮之酒；那么“清酒”是：

①庆功之酒 ②联姻之酒 ③时之酒 ④祭祀之酒

四、“酉”也可以指：

①万物之奇而不群者 ②万物之巨而茁长者 ③万物之老而成怪者 ④万物之熟而腐坏者

五、饮酒而乐的意境，应该用哪一个字表达？

①酖 ②酣 ③酪 ④酡

六、酒汁酒滓相混的浊酒，可以用下列哪一个字代称？

①醪 ②醨 ③醚 ④醅

七、下列何者不是指称造酒的工匠？

①酒人 ②酒大公 ③酒太公 ④酒博士

八、酟，原义是：

①长年发酵制成的酒 ②一夜之间酿成的酒 ③勾兑多次制成的酒 ④重复发酵制成的酒

九、古时会饮，推举年长的人为代表，以酒祭地拜神，这个节目叫做：

①醴饯 ②斟酌 ③酬酹 ④酣醑

十、“醉吟先生”是下列哪两位诗人的别号？

①白居易、皮日休 ②皮日休、元稹 ③元稹、欧阳修 ④白居易、欧阳修

答案：①、②、④、③、②、①、④、②、③、①

羊

歧路之羊何其多

——在羊肉炉和羊毛衫之外，现代人跟羊的关系疏远了，丢失的羊字还真不少。

大四那年，选修课里有一门孔德成先生教授的《礼记》。老夫子上课相当无趣，每登讲台，危然肃坐，极少板书，也极少与学生接目交谈，所言不外梳理章句、说解文字而已。孔老夫子说的又是一口山东曲阜方言，直到期中考过后，我才逐渐发现：全班能听得懂夫子的话的，只我一人而已。

有一次说到《礼记 · 王制》：“天子社稷皆大牢，诸侯社稷皆少牢。”意思是：周天子祭祀土神、谷神时用牛牲；诸侯祭祀土神、谷神时用猪牲、羊牲。出人意表地，我们的衍圣公老夫子忽然咂了咂嘴，像是自言自语地嘟囔了一句与课程无关的废话：“羊肉饺子拌什么做馅儿啊？”全班没有人听懂，也就没有人作答。我听懂了，但是想要个调皮，故意拿书遮住脸，用我家的济南话高声喊了一嗓子："胡萝卜！"

老夫子根本没有想到有人会回答，也没有想到回答的人使用的是他熟悉的方音。他有点儿错愕、有点儿不敢置信，根本不能辨别答话者所在的方向。坐在我附近的同学当然知道是我公然吼叫，但是却不明白我为什么要吼叫，也不知道我吼叫了些什么。我只能忍住笑，看老夫子左顾右盼，好像在寻找一盘失落的羊肉饺子。

羊肉胡萝卜，成了我这一辈子和孔夫子最接近的一个话题。小时候家里大人都教过的，山东人吃饺子，一共就三种馅料：猪肉韭菜、牛肉白菜和羊肉胡萝卜——而且颠倒错乱不得；这就叫规矩。

羊字（）很鲜明，跟日月同属一目了然的象形文，感觉上比牛、马、龙、象都容易辨识。不过，在连缀他字以成词汇之后，就往往要绕些弯子，加之以时移事异，农业社会、畜牧环境，于今都不是文明生活的普遍样貌，所以有些语词还显着冷僻。

由于羊性和顺，予人以安详平静之感，古人便用这个物种来征兆人间顺遂安好的处境，羊字遂与"祥"字相通。

这个通假的习惯，早在汉代就出现了。溯其源，羊是主要的肉食材料，味甘而厚，以羊字为部首的常用字，也多具备美好、合宜、爱慕的意思，像"美""义（義）""羡"等皆是。

就连日后转化成耻感的"羞"字，原本也是指美好的食物，即珍馐之"馐"的本字。大凡与脂肥油厚有关的意象，都有羊的加持。以"羊"建构出来的日常语汇之中，大概只有"羊羔利"不为人所喜——那是高利贷的意思。但是，这个词时下也很少人使用了。

也因为羊是姓氏，许多带有羊字的语汇包含着复杂的人事。战国时代有复姓羊角、单名一哀字的士人，与左伯桃缔交为友，这两人有志一同，属于战国末期主张“合纵”一派的谋士，相商投奔楚王，冀获大用，为小我谋功名，为大局开太平。这一番美好的愿景不受上天庇佑，就在他们赴楚途中，忽遇大雨雪，计不能两全，左伯桃便将衣粮交付羊角哀，自己活活冻死在树洞里。

这个故事还有悲壮的下半场——羊角哀终于辅佐楚王而功成名就，不料有这么一天，左伯桃却来托梦，说是当年临时殡葬之墓，近旁就是荆轲的坟茔，荆轲刺秦不遂，反而成了阴间怨鬼，左伯桃每夜都遭到荆轲冤魂的骚扰、凌虐，着实不堪其苦。

羊角哀醒来之后，竟然拔剑自刎了，立时以鬼魂之身，驱灭荆轲。其激越悲壮，真堪为武侠传统别开一方灵异又豪迈之生面。于是，人们一旦说起“羊左”，称许的就是刎颈之交。

说到“羊公”，或“羊公碑”“羊碑”甚至“堕泪碑”，都是指羊祜，西晋名宦，也是中国历史上鲜少能与之并驾齐肩的好官。他担任荆州都督、镇守襄阳十年，有德政于民，死后百姓为他在岘山上立碑。相传当时人人睹碑思人，无不泣下。到了唐代诗人的笔下，羊碑还是极通俗的典故，孟浩然的《与诸子登岘首》：“人事有代谢，往来成古今。江山留胜迹，我辈复登临。水落鱼梁浅，天寒梦泽深。羊公碑尚在，读罢泪沾襟。”即是千古名句。

羊祜德高望众，和他交上朋友的人，也有并世之名。一个是有“《左传》癖”的杜预，也在他之后成为荆州都督，也有政绩，于是时人以“羊杜”合称。此外，羊祜任事荆州的时候和东吴大将陆抗对峙，虽然各司其国、各为其主，可是两造使命交通，略无猜忌，又留下了“羊陆”的佳话。

羊公带头的词，只有“羊公鹤”与羊祜无关。典出《世说新语 · 排调》。此鹤的主人叫羊叔子，平时鹤舞翩翩，十分悦目，等羊叔子跟朋友们吹了牛，都到府中观赏，那鹤却又文风不动了。羊公鹤，自此便喻为名不副实的人。

以羊字姓氏流传的故事里，似乎只有“羊孙”（指汉景帝时代的羊胜、公孙诡）没有好下场——据说他们替梁孝王刘武策动了刺杀大臣袁盎的行动，也替主谋的刘武顶下了罪过，双双为汉景帝赐死。

羊氏本来不是大姓，跟羊有关的事典也常湮灭不闻。举个例子：今人说“阴沟”“阳沟”，以覆盖与否为别。实则古来阳沟写作“杨沟”或“羊沟”，指的是宫院中的水沟。写成杨，是因为沟旁常栽植杨树；写成羊，则能唤起更有趣的画面感，那是说羊喜欢以角抵触墙垣，不得不筑一道沟渠隔离，兼之以疏通水流，真是一举两得。据说，这羊沟还是古代皇室贵族斗鸡的场地。

羊之为物，既有贵盛的一面，也不无猥贱的用处。《后汉书·刘玄传》上说那些个出身“膳夫庖人”（也就是厨子）的小人一旦得势，穿绣面衣、着锦缎裤，呼号詈骂于街市之上，全无士大夫的风范，于是“烂羊胃，骑都尉；烂羊头，关内侯”的骂名就流行起来，所辱者就是这种出身不高、品流自坏的贪官。

在湮没无闻的群羊之中，还有一头叫羊欣的，值得认识。羊欣十二岁时就以隶书优美而知名，很受当时吴兴太守、大书法家王献之的赏识——你要问如何赏识？据说羊欣喜欢穿白练裙，王献之就趁着羊欣在夏日里睡午觉的时候，在他的裙和带上写字，“书裙数幅而去”。这文人之间雅赏爱重的小故事不期然让我们发现：原来男子也穿裙，而且是一层又一层的款式。

字词辨正

吉羊斗阵夸福气

一、是哪位皇帝给哪位大臣起了“羊鼻公”这样的诨号呢？

①汉高祖／萧何 ②隋炀帝／杨素 ③唐太宗／魏征 ④明太祖／刘基

二、“羊踏菜园”说的是：

①茹素的人偶尝荤腥 ②柔弱的人发动冲突 ③温和的人失去理智 ④鲁莽的人破坏环境

三、“羊碑”是指：

①确认牧民的地界 ②称许书家的字迹秀美 ③献牲于天的祭坛 ④颂扬官吏的德政

四、古语有“羊羔利”“羊羔儿利”，说的是：

①宰羊刀具的锋锐 ②小孩子聪明颖悟 ③美酒顺口 ④高利贷

五、关于“羊沟”，下列何者叙述错误？

①流经宫院的沟渠 ②羊行于沟中，专注向前，不为外物所乱 ③由于羊喜欢以角抵触壁，故筑沟于墙边以隔绝之 ④古代斗鸡的地方

六、除了“卖羊的商店”之外，“羊肆”还有什么意思？

①祭祀所用的全羊 ②以羊拉行的小车 ③羊癫疯发作 ④驯羊失去控制

七、以下何者表示猥贱的小人成为污滥的官吏？

①羊胃羊头 ②羊质虎皮 ③羊狠狼贪 ④羊头狗肉

八、“羊公鹤”是指：

①洁身自爱的人 ②勇于表现的人 ③名不副实的人 ④畏首畏尾的人

九、文人之间相互雅赏爱重，会用哪一个语词来表示？

①羊袖 ②羊裙 ③羊毫 ④羊裘

十、以下并称的二字都是指古人姓氏，哪一组说的不是交情，而是阴谋诡计？

①羊左 ②羊杜 ③羊陆 ④羊孙

答案：③、①、④、④、②、①、①、③、②、④

競賽

赛季开门

——争胜是天性？那么，在人生的起跑点上，还有好多字……

我的第一份正职是在当时号称全台第一大报的副刊担任主编秘书。那是一个凭空打造出来的职缺；所干的活儿，除了处理主编高信疆先生的往来信件、整理文稿档案之外，也支援些校稿、改稿的业务；由于忍不住手痒，还经常包揽一些采访报道和代笔的业务。几个月以后，才发现报社主编根本没有秘书的编制，之所以破格任用，是因为副刊编辑满额，高先生聘秘书，根本是因人设事。

这份任命当然令其他版面的主编不太顺眼，只不过当时我还没有足够的智慧察觉这种使人侧目的处境。有一天，某位元老级的主管趁着办公室四下无人，忽然冲我开训了："这个社会啊！就是竞争。而且呢，一开始就决定了。进来是个什么姿态，出去就是什么姿态。你小子一进来就被人白眼，到离开的那一天呢，应该还是被人白眼吧？"

“所以呢？”我还真不明白他的意思。

“所以啊，”他叹了一口气，翻着白眼，竖起大拇哥，说，“你就继续跩吧。赢的人反正无论如何都会赢的，是吧？”

如果在今天，我一定知道这话里的讽刺意味；偏偏那个当下，我还以为元老是鼓励我应该在人生的诸般竞争之中大无畏、做自己呢。“赢的人反正无论如何都会赢的，是吧？”

这就引出了一个故事。

南朝萧梁开国大将曹景宗非但以武力帮助萧衍（梁武帝）夺取政权，还攻讨北魏元英、杨大眼，立下了不世的战功。凯旋归国，梁武帝赐宴于光华殿，给群臣办了个分韵赋诗的节目，由当时知名的大诗人沈约主持。

曹景宗原是一介武夫，始终没有分得参与作诗的韵字。这本来是文人之间附庸风雅的游戏，他未必擅长，梁武帝更不愿意在为他接风洗尘的庆功宴上让他出乖露丑；可是曹景宗执意参加，一再请求。拖延到最后，待轮到他的时候，只剩下“竞”和“病”两个韵字了。曹景宗略一思索，随即吟道：“去时儿女悲，归来笳鼓竞。借问行路人，何如霍去病？”一时举座为之叹服，不只钦佩他才兼文武，更震慑于这诗的气象雄浑恢阔，元气淋漓。这个故事的每一个细节都包含着“竞争”，而赢的人又是无论如何都会赢的人。

后来，这个小典故浓缩成“竞病”二字，代称作诗用险韵，特别内行的人会把来称赞那些行伍出身，可是偏爱写诗的将军。像苏东坡的“老守亡何唯日饮，将军竞病自诗鸣”、朱松的“将军竞病诗成处，南浦春归兰玉丛”皆是。

“竞赛”二字连称，于今常用于表现体能的运动。在甲骨文里面，这“竞（競）”（）写作两个双脚一长一短而并列之人，看起来的确像赛跑。不过，在这两个人的头部，各有一个倒三角字符，乃是“辛”字。这说明了两个跑者的身份若非战俘、即是奴隶。文字学家推测：这是战胜者或奴隶主迫使这些“辛”（战俘、奴隶）拼斗性命，以为娱乐。这个说法很有趣，让我们想起罗素·克劳主演的好莱坞超级大片《角斗士》（*Gladiator*）。不过，中国古代有没有这样的实境秀？又是不是以赛跑的形式实施？可能还需要进一步的考察。

可是到了金文之中，这个字复杂化了，在“宗周钟”铭文里，两个“辛”的倒三角形头部变成了两个“言”（），后来的小篆（）也根据这个写法，所以我们不能仅就甲骨文的字形望文生义地说：“竞”就是赛跑——至少没有任何考古资料旁证这样的赛事存在过。像罗振玉、林义光这样的文字学家就会从稍晚复杂化的金文证据提出：竞，就是“誩”（也读“竞”），言语的争执；就是辩论。

“赛”这个字原本也没有争胜的意思，它是一个省略了“土”的“塞”，算是音符，也容有“充实”的解释；底下再比合以另一个表义的“贝”。意思就是说：用有价值的东西（珍宝、牺牲）来“充填”“落实”对神明的允诺，也就是答报神明的赐福。“赛”原初应该更接近“酬谢”“报答”。

不过，“赛”这个字在我成长的山东济南人家族环境之中，一直有个外人根本不明了的用法：就是“好”“非常棒”“最佳”之义。我从小干了什么得体的事，父亲都会奖励我一句："楞（音‘棱’）赛！"一旦此语出口，就会惹母亲发笑，回头说父亲："真土！"我学会了这句鲁西土话，却始终不明白它的来历，直到近些年翻看杂书，才发现这也不是纯粹的山东方言，而是糅合了蒙古语："赛因（sa-in）"——是个双音字，据说汉字也可以写作"赛音"或"赛银"，正解就是"好"，称颂大佳之义。

比这个字常常和赛连成一词，就算单独使用，而今常用之"比"，已经不再是"栉比鳞次""朋比为奸""比比皆是""比物丑类"这一类的"比"；而是在比高下、比先后、比多寡、比大小等意义上用得更多。这是时代环境使然，在一个充满各式各样竞争的环境里，每个单独的字从遥远的语意环境中一路走来，却非始终如一。仔细推敲一下，我们不难发现：除了"争"（）——两人相持一物而不能下——之外，竞、赛、比这些个字后来通通缩节、简化了。

字，反映了每一历史阶段的现实处境和价值取向。字的意义有时膨胀，有时萎缩，随时人而决。当竞争、比赛无所不在，甚至深切地挤压着我们的心灵，这些个字的其他意义就消解了，换句话说：这些个字的别种意义就死去了。除非，在一个无时不竞争、无处不竞争、无人无事不竞争的时代，我们若是肯低下头想一想：我们会不会是那竞技场上相互残杀的格斗士（gladiator）呢？我们是不是某种权力意志所驱使的战俘或奴隶呢？

字词辨正

竞争之外

一、“赛色”是指：

①选美 ②赌纸牌 ③掷骰子 ④搴旗取胜

二、“赛娘”是指：

①美女 ②女奴 ③神女 ④女兵

三、“赛鹦哥”说的是：

①将鹦鹉染成五彩缤纷争奇斗艳 ②将风筝绘成五颜六色 ③将杜鹃花染成绿色 ④将牡丹花培育成紫青色

四、“胜民”通常是指：

①交战双方胜利国的人民 ②前朝遗民 ③阶级地位较高的人民 ④统治者压制人民

五、“胜兵”有好些不同的意思，下面哪一项不在其中？

①能充当士兵参加作战的人 ②精兵 ③打胜仗的部队 ④残留在战场上的部队

六、除了争逐、比赛，“竞”这个字还有哪些意思？

①追趋 ②争相 ③竟然 ④与“境”字通

七、“竞病”二字连成一词，说的是：

①作诗押险韵 ②文章义法不通畅 ③互相以生病诉苦 ④不敌病魔摧残

八、“竞民”是指：

①追求人民利益 ②有竞争力的国民 ③使国民处于对立状态 ④争讼之民

九、以下四个“争”字，哪一个音、义与其他三者完全不同？

①争子 ②争友 ③争伯 ④争弟；

十、以下哪一个“争”字用法与旁者不同？

①争如 ②争些 ③争向 ④争奈

答案：③、①、③、②、④、①～④、①、④、③、②

勇敢

人生勇敢果艰难

——关于勇敢的字好像少了点，而畏惧呢？

小时候每年过旧历年，家里都会设一场一连两三天的牌局，大人们从八圈搓到四十八圈，吃了打，打了吃，轮流做“梦家”的一两人便在牌桌边的小榻上、竹椅上困觉。

牌戏方酣的那儿日，大白天的，家里待不住，外头也没处可去，我和一个小姊姊玩伴就提着原本放水果的竹编篮子，里头盛满了空香烟盒，步行到村口的幼稚园闲晃——那儿是我的“学校”。有一回忽然察觉玩得晚了，天都黑了，小姊姊看看天色，又看看四下里带着迷茫烟气的庭园，说：“鬼都出来了。”

我听过鬼故事，然而鬼故事里的鬼一向都在故事里吓唬小孩儿，从来没有那么切近地来到我身边过。这一句“鬼都出来了”着实太恐怖，我浑身上下不由自主地打起了哆嗦，还得假做镇定地说："他们从哪来的？"

小姊姊仍旧一副云淡风轻的模样，这厢看看、那厢看看，不住点着头，说："白天太热，他们都躲在砖缝里。晚上凉快了，砖缝里又太挤了，所以他们都出来了。"

我吓得登时就哭了，说："我要回家！"

小姊姊说："你是男生，你要勇敢呀！"

那应该是我此生第一次感觉到这个语词和我有关，可是确实又一点关系都没有的一刻。我一路大哭着从龙江街跑进巷子，但觉两边砖墙的缝隙之中不断地飘出了轻烟一般的鬼身。但听得小姊姊在后面不知多么遥远的地方说："你的篮子！你的篮子！——欸，你要勇敢一点啊！"

我才不要。

不知道心理学家怎么说，但是从语言学的角度看，常用字里面，表现胆气豪壮的大约只有勇、敢、果三字。我只能勇敢地判断：人性中畏惧的成分所占的比重相当大。

在金文中，"勇"（）是一只手拿着一支短兵器——这兵器的形体就像是一个顶上缺了那一横划的"用"字——持短兵以临敌，表示近身接战，你说勇敢不？

"螳臂当车"的故事出自《韩诗外传》，说齐庄公出猎时，看见这么一只不自量力的小家伙，竟然"举足搏轮"，齐庄公赶紧"回车而避之"，以表示敬重天下勇士之意。这故事告诉我们：真正的勇敢可能不是不自量力，而是有眼界、更有胸怀。至于有的文字学家另持异论，以为"甬"是花朵茂盛的样子，把来形容实力壮、气势盛，这解释怎么看都有些虚张声势。

相较之下，甲骨文的“敢”（）复杂得多，两只手相持，前趋而争取。左下角看似“耳”的字符其实是个“甘”，算是这个字的声符，并不具备字义。由原初的“尽力争取”之义逐渐演化，敢字就有了“行为坚决”的用意。

果敢两字连用，早在《礼记·文王官人第七十二》中就有：“营之以物而不虞，犯之以卒而不惧，置义而不可迁，临之以货色而不可营，曰絜（洁）廉而果敢者也。”这一长串字句里所形容的勇敢，可不是逞意气、斗蛮力，而是一种全面的、坚决的价值感，那是理想的官人（卿大夫）所应该具备的特质；很容易让人联想起孟子所说的那种“富贵不能淫，贫贱不能移，威武不能屈”的大丈夫。

而“果”字——植物生命的终极之物——当然也隐喻着人生行事的目的，它不但象征着充实饱满，也显示“能”“真”“决然”“如若”等义，可是当它被用来表现军事阶级的时候，显然是鼓励人以个人最终的结局来对赌国家的荣誉——《左传》所谓“杀敌为果，致果为毅”，而唐代的“果毅都尉”“果毅校尉”就是这么来的。

不过，绝大部分表述人心感应于外物的情绪，多是不勇敢的。先说“怕”，这个最常见的恐惧之词原来并非恐惧之意。一个心，一个白，表达的是“内心恬静，言行无贪无肆”，就是“无为”。又因为“白”是日将出之前所见的微光，便有单纯、高洁的意思。无论是《老子·二十章》：“我独怕兮其未兆。”（我却淡泊得没有什么想做的事），或者是司马相如的《子虚赋》：“怕乎无为，憺乎自持。”

（抱持着淡泊无为的心境）都与“泊”字通。

到了唐代，这种单纯高洁的心境便不知如何转出了“畏惧”的意思；杜甫的《官定后戏赠》诗就写道：“老夫怕趋走，率府且逍遥。”玄宗天宝十四载，杜甫被任命为河西县尉，他不肯屈就，改任右卫率府胄曹参军。这是个看守兵甲器仗、管理门禁锁钥的差使，杜甫实在伤心，便写了这首自嘲之作。

其他如韩愈《双鸟诗》可证：“鬼神怕嘲咏，造化皆停留。”以及元稹的《侠客行》：“侠客不怕死，怕在事不成。”也都可以证明：唐朝人说的“怕”，已经没有汉朝以前的人那么玄了。看来应该是民间俗语所致，或许心中空无一物，就将虚心变成了心虚。

“害怕”也是俗语，却把“害”字变“怕”了。“害”本来有灾祸、恶事的含意，原来“宀”表示家庭，“口”表示争吵，顾名思义，灾祸多起自家庭中的是非口舌，而中间那个长得很像“丰”字的字形（读作“介”）现在已经死了，这个字是三斜撇贯以一“丨”，意思是“散乱之草”，这个声符兼有表义的功能，表示灾乱。本来“害”字就是用以描述灾乱，没有表述心情的用意，可是连上一个怕字，就跟“骇”字相通了。

俗语的力量强大，至少在宋代（如《朱子语类》），“怕”字还转出了“难道”“岂是”的用法，所以“恐怕”不是真的怕，而是反诘猜测之词，可见人们对于不可知、不可测的结果，总有一种先入为主的悲观。此外，还有一个“怖”字，也是怕得莫名其妙，原本“怖”是将贵重之物（古代的货币）敬献于神前，小心翼翼、莫使污损，结果也成了恐惧的代词。

仔细检索以“心”为部首的字群，会发现大部分表现人类情感的字都是负面的，其中又以忧惧居多，除了“怕”“怖”之外，“怪”“恐”“怔”“悒”“悸”“惴”“栗（慄）”“惮”“懔”……都含有胆怯、畏葸的意思。

如何抵挡这种恐惧呢？我发现一个也已经死了不知道多久的字——“悾”。原先以为它跟“恐”字差不多，稍稍一留意，才知道这是表现“中心诚实”的一个字，能虚其中而无我、亦无我执，乃见诚实。看来跟本义的“怕”差不多，怕字既然已经怕了，不想为怕所苦的人能放空自己吗？

也许，放空我执正是勇敢的基础。然而总透露着几分说来容易的况味，老实说：空言放空容易，让我感觉砖墙缝里真的什么都没有，还不只是理智能够达成的。

字词辨正

果然都害怕

一、哪一句中“敢”字与其他的差异最大？

①敢问夫子恶乎长 ②敢布腹心，君实图之 ③若得从君而归，则固臣之愿也，敢有异心 ④果敢之气，刚正之节

二、“帝果杀吾子”之“果”，与下列哪一句中的“果”字意义相近？

①言必信，行必果 ②果能此道矣，虽愚必明，虽柔必强 ③刀笔吏不可为公卿，果然 ④君是以不果来也

三、“勇虫”是指：

①蚂蚁 ②螳螂 ③蜜蜂 ④蟋蟀

四、“怕不是被我猜对了”的“怕”，应该解作：

①难道 ②恐惧 ③想必 ④应该

五、“天气怪冷的”的“怪”，应该解释作：

①太 ②甚 ③微 ④忽然

六、“惧”的本义与哪一类动物有关？

①昆虫 ②小兽 ③鹰隼 ④虺蛇

七、以下哪一个字与敬神所产生的畏忌有直接的关系？

①恐 ②怖 ③怯 ④怕

八、挑个错字：

①毛发怂然 ②毛发悚然 ③毛发耸然 ④毛发竦然

九、下列何字没有忧惧的意思？

①悾 ②恐 ③悸 ④惴 ⑤栗 ⑥惮 ⑦懔

十、“勇卢”是一个五官之神的名字，主掌：

①眼 ②耳 ③鼻 ④舌

答案：④、③、②、①、②、③、②、①、①、③

病

病字仍须识字医

——除了身体之病、精神之病，还有语言之病；对于这一方面，人们似乎不太讲究。

我四岁那年春天，久咳不止，父亲带我到村子口的松本西药房找钟大夫。我记得非常清楚，钟大夫诊断得斩钉截铁：肺炎。父亲有两个选择：要不就送往大医院住院治疗，要不就每天早晚带我上西药房来打针。将家庭积蓄、用度合计了一番，父母亲商量的结果：“还是交给钟大夫吧。”

钟大夫在日据时代是个兽医，娶了一个皮肤白皙、总是温言软语的日本妻子，先后有了四个女儿之后，才生下一个和我同龄的男孩，只知道那孩子小名的发音是“Adibo”（日语发音，原意是医学用语的脂肪 adipose）。病程长逾匝月，我跟 Adibo 甚至成了每天早晚都要隔窗相互点头微笑的朋友。日日清晨黄昏，父亲或母亲，或抱、或背地带我“上松本”。

我知道，“上松本”的意思就是早晚三针。通常，第一针粗大如水管，盛装着黄色透明液体；第二针细小如铅笔，里面是无色透明液体；第三针的尺寸介于前两者之间，针管里装着奶白色的液体——这一针能不能打，还不一定，得每天早晚做“实验”（我第一次了解并记住了这个语汇），那就是拿一把有磨砂面的小钢刀，在我的肘弯内侧拉开一个十字纹，抹去渗血，再滴上一滴针筒里的奶白液体，五分钟之后，钟大夫会问我：“会不会痒？”“会不会痛？”

每天早晚割两刀肉其实没什么，每天早晚扎两次针也没什么，真正令人恐惧的是要我回答那两句“会不会痒？”“会不会痛？”钟大夫问得越谨慎，我就答得越心虚。我不知道自己是不是应该感觉痒、或者应该感觉痛；我也不能形容，那种既觉得痒，可是又不如平时感觉的痒；既觉得痛，可是又不似平时体会的痛，实在难以名状。尤其是钟大夫早就威胁过：倘若“实验”有差错，我的身体对药物有过度的反应，是可能“出事”的。钟大夫每回说到“出事”的时候，食指还在我面前勾了一勾。

那是我生平第一次感受到死亡的威胁，来自一位慈祥和蔼的医生。他治好了我，可能相当得意，有时看我在隔壁理发店剃头，还特意跑来摸摸脑袋、抓抓手，露一嘴金牙呵呵笑；仿佛我是他的某种得意成品。据母亲说：他还想收我作干儿，父亲说，你太容易生病，这主意倒不坏。我却抵死不从，从此成了一个绝对讳疾忌医之人。

这种心理障碍不免让我觉得“医”这么难写的字应该也含有难以亲近的意思罢？

医疗专业，自古已然。古代名医扁鹊的话堪称最为豪快——传闻魏文侯曾经当面问他："你们一家兄弟三人，都执业行医，敢问谁的医术最高明？"扁鹊应声答道："我的长兄能观察气色，是以名不出于家族；仲兄能辨视毫毛，是以名不出于乡里；至于我，针人以血脉、投人以毒药，故能名闻天下。"

杏林春暖、妙手回春，都无法捕捉医者的杀伐之气——"医（醫）"原本就是如此。这个字的上半，右边是个"殳"（音"书"），是古代的一种长兵器。左半边的"医"则是装盛箭矢的囊袋，引申为"击中目标所发出的声音"，看来也攻击性十足。

至于"医"的下半部——就是今日繁体书写的"酉"字部首——也有用意，酉即酒，很多时候，"酒"可以说是药的媒介。一向别具只眼、注重文字演变历程的文字学家、《说文解字注笺》作者徐灏认为："治病以药为主，而以酒为使（使者）。"这是很务实的说法。毕竟，对于病人来说，能驱疾的医者是慈悲和善的神仙；但是对于疾病而言，医者便是杀手克星了。

和医字经常连用的"疗（療）"也基于通俗文化的流传而在近年间成为一个广泛使用的字。我们常称某些喜谈心灵创伤及自我启发的抒情散文作者为"疗愈系作家"，也有许多土地开发商推出住宅建案时会强调：住居规划中一定会包括近似温泉设施的"水疗区"（SPA）——可见有病不求人也十足成了风尚。"疗"与"自愈"看似有了不可分割的关系。不过，这个字原先是指古代祀神、求福、禳灾的时候所举之火（燎），这一定是跟古人治病的时候有迎神的仪式有关。

从"疗"字看，几乎所有与疾病有关的字都属"疒"（音"床"，原本是人因病挛缩曲倚之状，更好的解释则是人靠在一张床上），这说明中国字的分类涵盖生活经验的准确性和普遍性。试想：无论内科、外科；亦不分诊疗、休养，有什么是共通不变的？恐怕还就是那张恼人的病床。

归病床所辖，最常见的是“疾”“病”二字；这两个字也有层次之分。“疾”字在甲骨文中原本不是“疒”字偏旁，而是画了一个人腋下中了一箭（），其痛苦可知。箭矢有快速之义，所以这个字也常用来表达“急速”的意思，引申而言，“疾”也表示“急病”“病势来得很快急”。

“病”就更有意思了，由于“丙”训火，含有火热之义，以生活经验而言，急病一旦加重，引发身体的抵抗，体温不免升高，发烧了。这就是病字的来历——不消说，病是比疾还要严重一些的。

和“病”字经常连用的还有一个“症”字。一般多将“病症”当成同义复词使用，这也是误会。究其原本，“症”字在中古以前不见于书写，连小篆里面都没有出现过，恐怕是一个相当晚出的后起字，它的意思是疾病的“征候”，应该是从“证”分化出来，专用于医疗的名词，指的是借以看出病根的种种外显的征候，以之为证，借以诊断的意思。

每说到医病关系，我就会想起苏东坡《墨宝堂记》里的话。他语重心长地提醒世人：“蜀之谚曰：‘学书者纸费，学医者人费。’此言虽小，可以喻大。世有好功名者，以其未试之学，而骤出之于政，其费人岂特医者之比乎？”

引《国语·晋语》里“上医医国，中医医人，下医医病”的话勉人立大志，似乎高瞻远瞩，但仔细想想东坡“学医费人”的话，会不会吓得儆醒一些呢？

字词辨正

医，何等残忍

一、下列哪一个语词不是古代名医的名字？

①医闾 ②医缓 ③医和 ④扁鹊

二、《周礼 · 天官》上记载了四种带有酒精的饮物，分别是清、医、浆、酏；请问“医”的成分是什么？

①艾汁发酵 ②水加醴酒 ③粥加曲糵 ④白术加酒酿

三、顾名思义，“疾疾”有快速的意思。但是，这个词语也可以形容：

①病恹恹的样子 ②残废的样子 ③痛苦的样子 ④憎恨的样子

四、“疾夫”用以形容：

①身体衰弱的人 ②心怀嫉妒的人 ③动作迅速的人 ④情绪恶劣的人

五、《春秋公羊传》上形容楚国：“夷狄也，而亟病中国；南夷与北狄交，中国不绝若线。”这里的“病”字表示：

①疏远 ②侵犯 ③憎恶 ④鄙夷羞耻

六、“病入膏肓”形容病势险恶、难以医治，“膏肓”的位置在：

①心肺之间 ②肝肾之间 ③心脏与膈膜之间 ④膈膜与肝脾之间

七、以下哪一个词里的“病”字和其他的病字词性有差别？

①病香 ②病魅 ③病酒 ④病涉

八、《礼记 · 乐记》有“病不得其众也”，此处的“病”是指：

①痛苦 ②恼恨 ③祸害 ④忧虑

九、“疒”是一个人倚靠着什么？

①椅子 ②墙 ③床 ④几

十、“疗（療）”字的声符“尞”与下述何者有关？

①环境开阔 ②掀开遮蔽 ③明白内情 ④举火祀神

答案：①、③、④、②、②、③、①、④、③、④

腦

一个小宇宙

——这个字的右半边就是它的本相、本义，衍申的常用字屈指可数，它却自成一个宇宙。

那年冬天，全班的小朋友都在比赛身上穿得下几件衣服，有人穿八件、有人穿七件，都不是什么防寒的材质，即使穿得再臃肿肥厚，还是冷。只好趁下课十分钟冲上教室顶楼，玩骑马打仗。

必须是两个底盘厚实、身材魁梧的大个子侧身向前、四臂搭把、握成两圈，由这两人驮起一个体态轻盈、身手矫健的小个子，才会是最佳战力组合。游戏再简单粗暴不过——某一方的三人组合将另一方的三人组合绊翻、拆垮，或者六个人滚作一团倒地之后，视骑压在最上方的一人为准，裁定获胜的队伍。

班上敢玩也爱玩这游戏的人不多，但也总凑得出七八个队伍。各自编组之后，一场混战，很快就会分出胜负，就连在一旁呵着白烟看热闹的同学，也能分享斗战的热烈之气。的确，我就是那个从来都只能看热闹的，因为我不只个子小，筋力也弱，通常一上马就给人随手推倒了满地滚着傻乐。

同样很难与他人组成队伍的另一个人是沈鸿烈，外号人称“西瓜头”。西瓜头个子不小，但是后脑勺上长年贴着一两块黑皮膏药，据说那膏药下面是外观红肿、内在深不可测的疖子。也就因为那疖子太显眼，没有人愿意和他并肩作战。

有那么一次，正当各组人马整顿手脚、振作精神之际，估计是西瓜头太想加入战圈了，他忽然低声跟我说：“你等等骑到我背上来，我们就这样冲过去，把他们全部都放倒！”

不知道是哪来的信心和勇气，就在他人发动一场混战之际，我跳上了西瓜头的背，扶着他的肩，很快地挤进战圈，听见有人大喊：“Os — kay！”（当年我们说这句话的意思就是暂停），因为有人发现了我和西瓜头并不是三人组合。然而西瓜头不在乎这些，他一径低头猛撞，仿佛就是要把所有的人冲倒；而我，只是一件他使来并不十分趁手的兵刃罢了。

很快地，我被张国器和叶光陵战队的骑士吴品怡一把紧紧抓住。吴品怡个子比我还要瘦小，可是力气出奇地大，他双手抓住了我的衣领，就像扔铁饼一样地把我甩了出去。我的头就撞在不知何时杵到我身后来的石墙上。接下来我听见了上课钟声，满地翻滚的同学大声吼叫：“不算！不算！”看见西瓜头的膏药脱落了，疖子渗出血来。但他仍瞪着一双虎圆虎圆的眼睛喘气，还想找个什么人来推一推的样子。

可是，我自己却经历了此生最奇特的一次神游。

此后不知过了多久，我只有一段记忆：那是骑马打仗之前七八年吧？我可能只有两三岁大，父亲带着母亲和我参加了一次参观旅行，目的地是基隆港口的大小军舰。行程当中，一度我在一艘较小的快艇里，嚷着要小便，然而当时天候极坏，大雨倾盆，舱房门窗都紧紧关闭着，而室内也没有厕所。父亲掏出一条手帕，要我尿在里面。我执意不肯，便放声大哭了。这件事在我成长的岁月里常被父母拿来说笑，到底后来如何解决，我也没有一点印象。可是，在暴风雨袭打的颠簸浪涛之上，面对一张手帕而不肯尿尿的记忆，却在我此生首度、也是最后一度的骑马打仗大挫败之后盘旋脑际、缠祟多时。我稍微恢复神智第一眼看见的，是站在讲桌旁的社会科老师宋新民。社会科是下午一、二节课，那么，上午的最后一节课，以及接下来的午餐、午睡都到哪里去了呢？我怎么一点影都不记得了呢？而我能够想起的，怎么就是父亲掏出来、捧在掌心里的一方手帕呢？

这件事，我只在二十年后跟一个号称博闻强记、无所不通的同侪说起。我向他请教："我那样算是脑部受伤了吗？会是永久性的伤害吗？"

我那博学的朋友答复我："理论上，人只要经历过了，就不会忘记任何事，你忘记了，只是没有找到搜寻的路径。应该问的是：骑马打仗之后那一段时间里的记忆路径，为什么会被暴风雨里的军舰覆盖？"

"为什么？"我问。

我的朋友非常哲学地回答我："我不能回答你的脑子里的问题。"

在常用字典里，脑（腦）、恼（惱）、瑙算是一个群组，分别隶属不同的部首，意思彼此无涉，右边的字根也从未独立成一个有意义的字，它甚至没有读音。左边若是加上个“匕”，则是“脑”的本字（），这个写成匕的偏旁也和匕首无关，其实只是一个反写的“人”，人的身体为什么要反着写呢？因为造字的人有个奇特的观点，认为脑在人体的后方；怎么表现呢？干脆把人体写反。匕字偏旁的脑，就是一个大头壳，上面长着几茎头发——巛。

巛，是川的异体字，本义是较大的水流——可想而知：较小的水流就是巜、再小的水流就是𡿨；可是这里还有更复杂的问题。脑字右上角的巛根本与大小水流无关，它就是头发的象形而已。写成巛，是书写同化的自然现象（就如同“春”“秦”“泰”三个字的上方都是三人，却完全不是同一来历，意义也各不相同）。

在头发底下，当然就是脑的本体了：右下角的“囟”（读作“信”），是“头脑盖会合之处”。幼儿阶段以前，人的颅骨前方柔软似孔窍，谓之“囟门”。这个“囟”字很容易跟“囪”“囱”混淆，事实上，“囟”字中间的“乂”，就是脑的纹理，而被称为“玛瑙”的玉石之所以这么命名，也是由于石中“文理交错，有似马脑”（曹丕《玛瑙勒赋序》）。

脑之为物也大矣。近代西方医学的常识告诉我们：脑是一个我们不但没有充分开发，甚至还可以说是低度开发的小宇宙。但是汉字之于脑，似乎带着某种存而不论、敬而远之的态度。虽然人的思虑、情绪、感官、运动无不与脑有关，可是系诸于此之字，居然只有一个：恼。

恼，和脑、瑙一样，都是小篆以后才出现的字，本义是“有所恨也”。有的文字学家指出：这是因为人在愤恨动怒的时候会头痛的缘故。头痛，把脑、恼连结在一起，也就如此而已了。你若要问：人的七情六欲那么复杂，怎么都不关脑的事呢？是的，纯粹从汉字的书写和认知活动来看，我们把那些复杂的东西“一股脑儿”都放在“心”里了。

此外，长期以来，由男性士大夫主导的文字诠释传统也不免透露出对于负面情绪的性别歧视。作为一种称不上伟大的恶劣情绪，恼还可以写成女字偏旁。所以，我们甚至可以大胆地推论：古人总在表现忸怩、怅惘的情感时用“恼”字，使之充满受委屈的女性的气质：“春色恼人眠不得，月移花影上栏干。”“笑渐不闻声渐悄，多情却被无情恼。”“梦断漏悄，愁浓酒恼。”翻遍唐宋人诗词，唯有李白的《赠段七娘》诗里活用了恼字，他笔下的恼，没有一点怨气，全是强大的相思：“千杯绿酒何辞醉，一面红妆恼杀人。”壮美极了！

我在读小学的那个时代，台湾最重要的名物就是稻米和樟脑，我始终不明白，衣柜和厕所里发出阵阵刺鼻香气的白丸子是哪一种动物的脑呢？樟树不是植物吗？植物又怎么会有脑呢？日后渐渐明白，原来老古人形容事物之精华，多用脑字。《本草》上说：南番诸国盛产一种香料，叫“龙脑香”，都是在深山穷谷之中才能得见，必须是千年以上的老杉树，枝干不曾遭到砍伐损动，才会产生自然的香气。万一有损，则“气泄无脑”。这一套说法或许经不起科学的检验——起码龙脑香不该出自杉树应该无疑，樟脑也应该是由樟树根干的酮类结晶提炼而成。不过，我猜那“气泄无脑”四字用意，在奉劝人维护高年老树，无论哪一种乔木，谓之有脑，毕竟还是出于敬惜保育之心。

字词辨正

大好头颅仔细看

一、下列哪一句诗的“恼”字与他者用意不同？

①一面红妆恼杀人 ②东风恼我，才发一襟香 ③春色恼人眠不得 ④多情却被无情恼

二、“囟”读若：

①凶 ②衅 ③窗 ④匆

三、“脑”右边的字根是头壳的象形字，长在囟上的“巛”读作“川”，它是什么意思呢？

①头发 ②水流 ③热气 ④草丛

四、“脑后插笔”是形容人：

①用字粗率 ②文思敏捷 ③好打官司 ④足智多谋

五、“脑后账”是指：

①赖掉的债务 ②过往的事 ③说不清的纠纷 ④误传的消息

六、该用下列哪一个词形容带有错画纹理的宝石？

①马脑 ②玛瑙 ③码碯 ④以上皆是

七、“脑脂”是指：

①白皮肤 ②白头发 ③白内障 ④白血球

八、“晋侯梦与楚子搏，楚子伏己而盬其脑。”这是《左传》上很有画面感的

一个梦境，“盬”是什么意思？

①敲打 ②挑弄 ③涂抹 ④吸食

九、猜一猜，道教称为“脑华”的是什么？

①头发 ②眉毛 ③枕骨 ④皱纹

十、再猜一猜，佛经上称“脑根”的是什么？

①头发 ②眉毛 ③枕骨 ④皱纹

答案：①、②、①、③、②、④、③、④、①、③

魔

魔与骗的欺迷之障

——看魔术而受骗上当，才会大呼过瘾，这不奇怪吗？

初学骑自行车，还是小学五年级的时候。我骑的是父亲那一辆二十八吋的幸福牌，左腿落地像个撑子，屁股还够不着坐垫，右腿则必须从横杠下方斜穿到对过，才能勉强踩住踏板，一使劲儿，轮子左左右右扭晃着，迤逦歪斜能踩出几十尺，从巷子口骑回家门口，还没有摔趴，我已经相当得意了。

门口的母亲操着一口终身不改的济南土话对我说："你要能骗上车，才算是真会了。"说时，她半旋了一下身子，右手顺势夸张地画了一个大圆弧。当时听在耳朵里，是那个"骗"字。她的意思，我是明白的，就是要我用左脚发动，单踩一边，踩得车身向前移动了，同时高抬右腿，直接坐上坐垫，右脚也就搭上位在高点的右踏板了。

就跨身上车而言，“骗”，是个意思完全不相干的错字。

学习母语之时，并不是字字皆就音而通义，往往在还很幼小的时候，人们留得了某些“字”与“意思”的关联印象，便以为就是那么写，就是那么读，就是那么解释。然而，若是没工夫查考，却可能误会一生；这是自己骗自己的障眼法，应该算是一种原生的魔术。让我们从魔术说起。

有的魔术师愿意这样说：魔术就是骗术。但是能这么说，需要一点儿勇气。

“魔术”二字的翻译词极好，因为“魔”这个字的来历恰恰符合了这种杂技的特性。魔，不见于甲骨文、金文。小篆中有此字(魔)，便是群鬼之一，但是在一般文史资料中也罕见。这个指称某种鬼怪的字若非佛教东传，用来作为梵文 mara 的音译，恐怕也就是一个死掉的字了。

佛教之中，将一切扰乱身心、妨碍修行的心理活动都称为“魔”。所以，这个重生的字便不再是某一神秘妖物的名字，而成了我们感知、情智与意志上软弱、迷惑的代词。大约除了“魔力”一词以外，绝大多数冠以魔字的语汇——如魔心、魔道、魔障等，都意味着施与受相对、相需而导致某种功果受阻的情况。也只有“魔合罗”看来算个好东西——这是宋元以降，每年农历七月初七，为表送子祝福之意，市集上会出现的一种吉祥物。

既然说魔术是骗术，被骗的人越是受愚受弄，越是开心，这心理状态也有趣。其情颇类同于阅读《见字如来》，原先自以为明白的字，忽然发现出于长远的误会，一旦恍然大悟，也颇有意趣。

就像先前提到的这个“骗”字，在中古时代，就是描述一人“侧身抬腿跨上”的动作，之后，就可以在大量的元代戏曲、明代小说里读到这个字。最初应该是专指飞身上马的动作，像是《金瓶梅词话·第六八回》：“一面牵出大白马来，搭上替子，兜上嚼环，蹤着马台，望上一骗，打了一鞭。”一直到几百年后，洪昇的《长生殿·合围》里也这么说：“双手把紫缰轻挽，骗上马，将盔缨低按。”

大约在这个字义普遍成立而广泛使用的同时，也引出跨越、超越的意思，汪元亨《醉太平·警世》曲：“吞绣鞋撑的咽喉裂，掷金钱踅的身躯趄，骗粉墙掂的腿脡折。”明代无名氏《下西洋·第三折》：“西洋取宝传天下，故驾轻帆骗海来。”

从“骗（跨过、超越）粉墙”的说法开始，“骗”字已经悄悄地跨过单一语意的藩篱，准备行骗。我们用久了这个和“翻墙”“跨界”意象密切相关的字，自然也就让我们上了当（被人超越了理智防范的屏障），于不知不觉间被欺罔的感受也就跟着堆叠上来。欺骗之意，遂乃成立。

除了“骗”是从超越这个意义上转入了欺哄之外，“欺”这个字原本也有遮蔽、凌驾甚至辜负的含意。我看小篆此字（），右边就是“欠”，那是一个人喘着大气，像是要搬动左边几上的一个大箩筐——也就是“其”。这跟哄、骗有什么关系呢？那就得查考：在许慎的《说文》中，欺应该是“諆”的简化字，原本形容人说话不老实，是得费挺大的劲儿的，大言成风，屡屡长吁短叹，这“諆”乃是形声兼会意之字，一旦简化，“欺”字反而表现得不明不白了。

障眼法应该是吴承恩在《西游记》里的一大发明，这三字似乎表示，念一口诀即能使人注意力涣散、转移，而不能见物。障字，原本也没有什么好意思。除了遮挡、阻塞之外，还可用以称呼边境检查岗哨所在的戍居小城区，以及与“嶂”字相通的险屏高山、与“瘴”字相通的毒疠病害。佛经翻译也丰富了这个字的内涵，人的烦恼，还有基于某种轮回因果而导致的挫折，都可以用“障”来涵摄。

障字结词，也会产生美感。古代帝王仪仗里的长柄大扇子，用雉尾毛羽制成，目的不是扇清凉风，而是蔽人耳目。至于拿袖子遮脸的，一定是美人吗？请勿存疑——遮住了也就不暇求证了；白石道人的《角招》词写得多好：“犹有。画船障袖。青楼倚扇，相映人争秀。”“障日”一词常出现在书画史，古人题壁于佛寺，称墙为“障日”；走马时跨下有鞍鞯，垂于马腹两侧的“挡泥板”制作精致，常以锦绣装饰。李白《紫骝马》有句：“临流不肯渡，似惜锦障泥。”形容的“障泥”，又名“障汗”。

我们把这些与受骗、错觉、屏蔽、障碍有关之字一气读来，应该不难体认：上了当、着了魔，不必他求于人，是我们自己的感官知见出了岔子。至于到底是怎么岔的？可别问我。语言本身不能解决现实——语言，人说也是一障，很难骗——跨越——过去。

字词辨正

魔障心生

一、下列哪一个词汇中的“魔”与他者语意疏远不类？

①魔术 ②魔驼 ③魔星 ④魔浆

二、“魔合罗”与下列哪一个选项无关？

①每年农历七月初七 ②表示上天送子之意 ③一种吉祥物玩偶 ④人身蛇头的护法神

三、“骗”字的本义是：

①侧身抬腿跨上 ②欺瞒 ③哄 ④搬弄唇舌

四、“骗马”不包含下列哪一个意思？

①欺哄妇女 ②不务正业 ③精于骗术的老手 ④翻身上马

五、美女明星出游，防狗仔偷拍而躲闪，正符合古代哪一个形容美女之词？

①障狂 ②障袖 ③障面 ④障扇

六、婚嫁时新妇过门，夫家亲族邻里围观，拥门塞巷，这是唐人婚仪的一个环节，谓之：

①障车 ②下婿 ③却扇 ④观花烛

七、“障日”是指：

①屋檐 ②墙壁 ③屋顶 ④窗帘

八、“障汗”是什么东西？

①衣领衬垫 ②马腹挡泥锦片 ③绑缚头颅的毛巾 ④鸟笼外的罩布

九、“欺”字语意丰富，包含下列何者？（※ 本题复选）

①诈、骗 ②遮蔽 ③辜负 ④超越、胜过

十、不常见的语词“欺魄”，所指的是：

①向生者求代一命的鬼 ②求雨所用的土偶 ③含冤负屈的心情 ④禳灾所用的祭器

答案：②、④、①、③、②、①、②、②、①～④、②

春

纷纭众说到繁春

——每年的第一个季节都充满了祝福、期待和生机，令人兴奋的开始，有时也令人迷惑。

年幼时我所居住的眷村，家家户户都是竹篱泥壁，只在农历新正之前髹漆了门窗，贴上春联，显得有些亮眼——那是我识字的开蒙之处。

父亲喜爱的联语也就那么几对，其中有“一元复始，大地回春”。旁人家也贴写，但常见的总是“一元复始，万象更新”，对仗比较工整。父亲说万象更新不如大地回春好，因为：“里头藏着我儿的名字！”

由于字形演化、改变的缘故，春字在不同的字书里被归为不同的部首。东汉许慎的《说文》将春字归入“艹（艸）”部，这是因为小篆的春（萅）写成一个“艹”头，底下一“屯”，“屯”下一“日”，这个字的原初之义是个动词，读若“蠢”——也并没有愚笨的意思——所指涉的，乃是振作、出动。“屯”既是这个字的注音符号，也兼具表义的功能，和上面的“艹”字头一样，象征草木之初生。

到了隶书和楷书里，春字大致定了型，字头就和“奉”“奏”“泰”“秦”“春”同化了。看来都是“三”“人”的组合，隶书多将那人字底下的两撇和三字的最后一横划断开，看来像两撇八字胡；楷书则让这个人形贯通而下，显得神完气足多了。

无论如何，“三”“人”合体，是将原先形状和意义根本不相干的初文符号硬生生统一起来。比方说：“奉”字原先写的是两只手拱捧一物（），“奏”字在石文里则是地下带根的三棵草（），“秦”是双手倒持着已经结实的禾穗（），“春”字的金文非但有一左一右两只手，手里还拿着杵，往下头的臼里捣粟米（）。可是一旦同化了，就一律“三人行”了。

我听到最荒怪的一个解释是：人之为物，可以贯通天地人三才，而“三”的三连划，就是《易》卦里的阳爻，所以才会说：“三阳开泰”。实则这个“泰”字原本与八卦、术数一点儿关系也没有。在石文里，这个字（）的上方是个“大”字，也就是这“泰”字的声符；中间左右是两只手，底下的符号更清楚，就是水。双手捧水，取其滑而易脱，多么流畅？多么亨通？

但是老古人造字立说，未必不可通假附会。让我们回到春字来看一看，会发现《易经》也不是全然没有立足之处。在前文提到的《说文》之中，许慎训春字为“推也”，以时序而言，冬天的寒冷之气，到了立春之后转温，草木到此时也竞相生长，这是大自然给造字者的启迪。而《易经》的“屯卦”也有万物充盈其生机而始生的意思，人与事，无不在此时萌发。

萌发是多方面的，君不闻广东乡亲称禽鱼之卵为“春”，连江浙方言里也有一样的字汇。至于酒，出于冬酿而春饮者亦名春，今之“剑南春”就已经相当知名了。唐代李肇的《国史补》记载过更多，包括郢地的“富水春”、乌程的“若下春”、荥阳的“上窟春”、富平的“石冻春”等皆是，看名称就消得一醉。

很多植物于花名而外还叫做某春、某某春。像是罂粟，别呼“丽春”；芍药，复名“婪尾春”；牡丹，又叫“寿春”“绍兴春”“政和春”“玉楼春”“汉宫春”；至于“独步春”，这是荼蘼，“开到荼蘼春事了”，二十四番花信风的休止符。

名字里有春字偶尔也会成为话柄，我三十岁不到就被人呼为“春公”，这绝不是尊称，而是以谐音为不雅的联想，我也只能阿Q地把“春宫”设想成太子之所居。不过，命名曰春毕竟占有便宜之处，我每年帮好几百位朋友写“春帖子”，几乎都少不了“向阳门第春先到”“春风大雅能容物”“繁春到此是文章”之类的句子，感觉自己果然身在每户人家，真是福泽广被。

字词辨正

聊寄一枝春

一、“春物”易解，春天的景物——尤其是花卉、花朵之属；如果特指一物，会是什么呢？

①酒 ②茶 ③稻秧 ④发芽的种籽

二、“春”字常用来借指东方，为什么？

①东方属木，春序木生 ②北斗斗杓东指，是为岁始 ③日由东出，万物繁兴 ④春水东流，滋养生机

三、春天有脚，也有眼，“春眼”是指：

①朵朵绽放的桃杏 ②柳叶的嫩芽 ③清晨东方最早升起的启明星 ④迷离惺忪的睡眼

四、以下何者不是“春宫”的语意？

①神话中东方青帝所居之处 ②太子起居之地 ③诸侯受封的宅邸 ④色情的图画和书写

五、以下哪一个语汇与今日所称的春联无关？

①春帖 ②春书 ③春胜 ④春词

六、“春驹”是以下哪一种动物的别名？

①蜜蜂 ②蝴蝶 ③蟢子 ④蜻蜓

七、“春账”？是的，你没有看错，春天这笔账和何事有关？

①男女的恋情 ②上缴的田赋 ③未了的花事 ④政府发放的农作贷款

八、今天已经不举行的“春荐”之礼原本是指以果物祭献宗庙，古代庶人阶级的春荐之物是：

①黍 ②麦 ③韭 ④稻

九、“春脚”不是“春天的脚步”的省称；那么是指什么？

①春天草木伸展的样态 ②生机逐渐萌发蓬勃 ③年轻人壮游四方 ④官吏有德政于民

十、“春”字还是个动词，有振作、发动的意思，其读音若：

①舂 ②纯 ③蠢 ④春

答案：①、②、②、③、④、②、①、③、④、③

痴

应知痴字最深情

——骂人不智最容易，不花什么脑筋，所以这些字的字意常常混淆互用。

我从小没有被父母骂过一声笨，日后才知道：这是很罕见的。我大多数的同侪天天受这话的打磨，有的还真自觉变笨了；有的浑不在乎，大约就是把话原封不动地把来教训自己的子女。可是我也一样会犯傻、干些鲁莽的事、说些不得体的话，总记得我母亲还是给教训，只不过不是一个“笨”字那么简单。

还是孩子的我，最常犯的过错就是丢东落西，眼镜、雨伞、毛巾、饭盒，没有不丢的，丢了找不着，便只能花钱添置，添置之不足，还是会弄丢。每当母亲唉声叹气一阵，说：“你是属鸡的，不是属老鼠的。”

这里头就藏着个老山东人代代相传的故事。

老鼠多精明哪？它们都会算——此处的算，不是算术，而是未卜先知；猫在哪儿？老鼠只要一拈须就算出来了，可是偏偏老鼠没有记性，前爪一离了须，往地下一放，就把刚算出来的事给忘了。母亲用的话是“撂（山东话读作‘料’）爪儿就忘”。她从来不说我笨，只说我属鸡的不该像老鼠。

《朱子语录》上明明白白骂：“诸葛亮只是笨。”诸葛亮“功盖三分国，名成八阵图”，再怎么样以成败论英雄，也还不至于沦落到愚昧不智的状态；然而以朱熹的学术，也不该对诸葛亮有这样偏差的理解。这是怎么回事？

“笨”与“愚蠢”相提并论不无可疑。它原来是用以表述“竹白”的一个字。段玉裁在注解《说文》提到：竹子的内质色白，像纸一样，又薄又脆，相较于竹的其他部位，不能制作器物，实在没有什么用处。所以朱熹的话，应该是从大历史的发展上惋叹：诸葛亮没有在历史发展的主流上起作用。

骂人不智最容易，因为不花什么脑筋，所以在任何一部字书上，这些语词都是互相注释的。“傻”字训“蠢”，“呆”字训“痴傻”，“蠢”字解为“愚笨”，“痴”字也解为“愚笨”，“愚”字和“笨”字则互相注释，“骙”字有另一个读法，音若“驷”，是急促行走之意；可是一般读“皑”的这个字，还是“愚”“呆”之意。无论字形怎么改，意思怎么绕，就是说人智能低下。

此中还有相连上下二字之词造成意义转植的情况。比方说“愚蠢”。“蠢”字的本义就是“虫类蠕动”；“春”字作为声符，也具备意义——试想：春天万物萌芽勃发，虫动适其时也。这个字再引申，就有骚动、不安的意思，不过并无关乎智能之是否低弱。直到

“愚蠢”成为连词，上字之不智，原用之以形容下字，意思就是不经深思熟虑的盲动、轻率的躁动。《后汉书·五十八·虞诩传》记载，大将虞诩上书汉顺帝云：“百上不达，是有司之过；愚蠢之人，不足多诛。”这意思就很明白了，躁进而妄动的人，其罪不及于死。若是解为“痴傻”“呆笨”就说不通了。

然而人的价值观总隐藏在语文体系的内部。除了“蠢”字是被牵连笨的以外，这一群形容智能低下的字，大多有“专注”“固执”“冥顽不灵”的意思。最有意思的是这个“呆”。《庄子·达生》所谓“呆若木鸡”里的“呆”字并没有笨、傻的意思，而是专注凝神不动——驯养斗鸡的最高境界。关于这一点，我们从“槑”字就得以认知：这是个古写的“梅”，梅花开时，枝上无叶，“槑”字明明是象形，可见与智能无关，只是那花凝姿寂然，供人傻看或是看傻而已。

“傻”也是一样，方言里说傻白，就是极白，显示出一种高度的纯净。芍药之极白者，别有一名曰“傻白”，却也还提醒着赏花之人：这傻，是有雅度的。再用这样一种理解方式看“痴”字就很清楚了，我们说人痴情、痴爱、痴赏，还是不要先假设这样的人智能不足；毕竟心无旁骛地用情，说不定还是一种修行，也是一种美德呢。

关于“痴”，另有一个值得参考的说法。古语云：“借书一痴，还书一痴。”这话颇值爱书人会心一笑。因为借书的经验往往惨痛，不是出借一方忘了索还，便是借入一方刻意不还；因此而伤了交情的事，所在多有。看看有人居然还敢将书出借，岂不愚骇？好容易能以借贷方式得来一书，居然还会奉还，又怎一个笨字了得？

可是根据宋人邵博《闻见后录·卷二十七》的考证，认为这个“痴”原本是同音字“瓻”的讹写。“瓻”是酒器，“借书一瓻，还书一瓻”。说的是借书也应该有偿，两瓶小酒，惠而不费，于往还之际奉致主人，聊表谢意。这是君子相期之道，又怎么能变成了“傻帽儿”的讥嘲呢？

从这个角度看事理人情，我常觉得：那个忘性特大的小老鼠能具备真智慧。尽管猫的威胁并不稍减，小老鼠却宁可一厢情愿地徜徉在无忧无虑、无牵无挂、无拘无束的情态之中，那境界是痴，毋宁生死以之。

字词辨正

愚蠢痴呆傻笨骙

一、请判断：班固《汉书·古今人表》中列为最末一等（下下）的“愚人”里面，不包括下列何者？

①夫差 ②太宰嚭 ③秦二世胡亥 ④赵高

二、作为动词的“蠢动含灵”和下面哪一个选项的意义近似？

①滚石不生苔 ②众生有佛性 ③坚执终有成 ④进取赖慧根

三、“蠢尔”是指：

①无知而动 ②虫类惊蛰而出貌 ③愚笨的你 ④万物萌芽之始

四、“痴伯子”是指：

①鸱鸟的别称 ②猪的雅称 ③将书出借的人 ④借书而返还的人

五、“痴云”是停滞不动的云，“痴雨”是久下不停的雨；那么“痴云騃雨”的意思是什么？

①积郁已久而终于爆发 ②直指久阴之后的霪雨 ③因本质近似而互为因果 ④比喻沉迷于恋情

六、“痴客”是哪一种花卉的别称？

①向日葵 ②菟丝花 ③月季花 ④木莲花

七、两个“呆”字并排书写成“槑”，是指：

①梅 ②兰 ③竹 ④菊

八、“傻白”也是哪一种花的别名？

①莲花 ②芍药 ③油桐 ④梅花

九、“笨”字的字源与竹子的哪一个部位有关？

①竹根 ②竹节 ③竹膜 ④竹皮

十、“騃谑”意即：

①因愚昧而受侮 ②傻笑 ③笑谑者恒痴傻 ④愚弄

答案：③、②、①、①、④、③、①、②、③、④

媽

天下的妈妈一样说

——母亲之于子女、之于人类、之于大地和自然，都是不灭的象征。

许多人对小说作者的记忆力有一种奇特的推许，以为能说故事的人一定记事甚早、且记事甚牢；据说有一位前辈作家也因此顺竿而上，说自己还能记得出生时的情景，真是了不起。

有人问我最早记得何事？我只有一个粗略的印象：扒开妈妈的旗袍斜襟上的盘扣找奶吃，妈妈不是太高兴地瞪我一眼，说：“早就没有了。”那时我几岁呢？真想不起来。但若要说起最早的人生风景，除了母亲和她干瘪的乳，别无他者。

乳子一事，自古为然。在甲骨文里面，乳这个字原本就是一幅授乳图（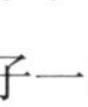）。一个跪坐着的母亲，双手环护，让怀里的婴儿吸食，胸脯是一根短线，并无丰腴之态——看来孩子已经吃了不少。目前留在隶书、楷书字形里的“乚”（乙）字偏旁，正是甲骨文中母亲

那已然呈现侧弯的脊椎。

到母亲九十岁的时候，身形益发佝偻。有一次为了测试她的记忆力，我故意问她："我吃奶吃到几岁？"她想了想，说："你骑着小车还要奶吃呢！"我记得的是旗袍上的盘扣，她记得的是小车儿。

动物行为学家劳伦兹（Konrad Zacharias Lorenz, 1903~1989）观察幼年期的离巢鸟类，发现它们从孵化后的第一天便跟随着母亲，劳伦兹遂称之为"imprinting"——这个字，有翻作"铭印"的，也有翻作"印痕"的。即使在人工孵养的环境之下，这种反应只在出生后的一段关键时期出现。幼鸟的铭印能力能够经刺激后得以发挥，认定周边移动的庞然大物为母亲；似乎人类也如此，而关键期约在十八个月到三岁之间。

古今中外呼"母"，有着相当广泛的一致性，可能也与这种"imprinting"的反应有关。牙牙学语的孩子还不会分辨元音、辅音，还无从组合字义，即使双唇紧闭，所发出的"m""m"，便是最直接的呼求。叫娘了。

母之为字，原本也很简单，就是一个被指出两点——即双乳——的女子。今日通行的楷书字体可能看不明白，因为楷书非但将那两乳从一左一右变换成一上一下，还扭折了这两点的框架——那原本就是个"女"字。而"女"，正是一名双手受缚跪地的人。在老祖宗们还大量造字的那个时代，女人的地位如何？显然已不言可喻。

中国最早的字典之一《说文》经常使用近音或同音字解释字义，在"母"字底下，许慎用一个"牧"字来为"母"作解释，显然并没有人伦歌颂的情怀，也没有感恩报德的意思，清代学者段玉裁讲得很明白："以叠韵为训；牧者，养牛人也，以譬人之乳子。凡能生之以启后者，皆曰母。"

不只在《说文》出现的东汉（甚至更早的几千年），即使顺时向现代揭露，有很长一段时间，我们今天用来称呼最亲爱的母亲的很多字："妈""娘""姆妈"多由方言中来。在书写文本里面，则一径出现得较晚。以"娘"为例，本来这字写作"孃"，是少女的称呼，有类单位词，像是聂隐娘、红娘、赵五娘、陈三五娘之属。

宋代以前，杜甫的《兵车行》里有"爷娘妻子走相送，尘埃不见咸阳桥"，肯定是借由俚语反映现实，可知娘之为母、为祖母并无不妥。但是，在比较正式的文章典籍之中，似乎找不到称母亲为娘的例子。开始将母亲称作娘的第一人，似乎是宋太祖，也依然是出于维持民间习惯，赵匡胤称其母杜太后为"娘娘"。之后司马光作《书仪》，说："古称父为阿郎，母为娘子。"看来并没有可信的证据，应该是"托古改制"的意思居多。

至于"妈"字，登台成为书面语可能更晚了，至少在明清小说之前，唯独南宋洪迈的《夷坚志》里有《霍秀才归土》一则云："见去岁亡过所生妈妈在旁指我泣曰：'此是阴府，汝何为亦来？'"而外，经史群书之中根本找不到用例，而这看见死后显灵之母的儿子本来就是一般百姓，设若不是通过小说，还真不得传其言。

如果从音韵的源流看："妈"这个形声字的声符"马"在上古时期可能并不是像今天这般发开口音，经由对比古文献可知，马字的发音居然是跟武、午、母相近——甚至以官职"司马"掌武事以及午年肖马为例而证，所使用的还是“以叠韵为训”的那一套解释方法。

为什么声音相近，意义就相通了呢？听人们叫妈妈就明白了，这大概还就是本文开篇时所说的那个词儿—— imprinting ——我们总离不开；母、妈、姆妈，唤一声，回到原初。

不过，关于脱离授乳所象征的意义，还是我父亲的一则小故事比较具有讽世趣味。有一天他接到一通推销电话，对方再三兜着圈子追问：“府上吃哪一个牌子的奶粉？”父亲听着不耐，答曰：“我们一家三口早就断奶了！”挂了电话之后，他对我说：“这些卖东西的，比妈还唠叨！”

字词辨正

跟妈妈有关的字

一、“母夫人”的意思是：

①儿子得官，母亲受官诰而成为夫人 ②丈夫得官，妻子受官诰而封夫人 ③尊称他人的母亲 ④尊称自己的母亲

二、“母权子”一词是指：

①母亲让儿子代为主持家务 ②由母亲为儿子筹划事业 ③由本金滋生的利息加入本金，通称复利 ④通货膨胀时使用铸造较重的大钱 ⑤通货紧缩时使用铸造较轻的小钱

三、“母妇”通常是指：

①有子女的妇女 ②外婆 ③有孙子女辈的妇女 ④丈母娘

四、“姆”这个字最初的意义与何事有关？

①孕育 ②哺乳 ③教导 ④抚养

五、作为“姆妈”一词的“姆”字，其读音是：

① mu ② mi ③ ma ④ m

六、梁启超《新民说》里有“披绮罗于嫫姆”的句子，其含意是：

①老妇人也有盛装打扮的权利 ②让丑女着饰华服反而增益其丑 ③锦装绣饰恰足以表现对尊长的敬意 ④慈祥的怀抱胜过精巧的衣装

七、“姆姆”在近世以来有称“修女”之义；然而至少在宋、明之间，“姆姆”原本另有所指，是：

①儿媳呼婆婆 ②弟妻呼兄妻 ③兄妻呼弟妻 ④亲家母互称

八、“妈妈论儿”说的是：

①民间流传的俗话 ②对于事物的喋喋不休 ③品头论足不能自已 ④养儿育女的妈妈经

九、古代小说、戏剧里常常出现“娘行”这个字眼，它的一般性含意比较接近以下何者？

①特种行业的妇女 ②上了年纪的妇女 ③已婚的妇女 ④指称女红一类的手艺

十、“娘子军”的创始者是：

①战国时代的吴起 ②三国时代的诸葛亮 ③唐代的平阳公主 ④宋代的梁红玉

答案：③、④、①、③、④、②、②、①、②、③

褶

一字多少周折

——字里有“斤”，总不免杀伐砍斫，将断未断之间，差别不小。

直到五十年后，我才发现幼年的学习记忆有错，而且是纠缠难解的错，真是挫折。

当时我大约才四五岁，跟着父亲到“国光戏院”看一出戏，戏名叫《胭脂宝褶》，父亲把最后这个字念成“穴”，并且告诉我，这个字的意思就是“夹袄”。我从来没有怀疑过，也没有查证过。

《胭脂宝褶》原本是两出戏拼合而成。一出叫《遇龙酒馆》，一出叫《失印救火》，最初根本不是一个故事。到了须生泰斗马连良手中，整并为一，前半截说的是书生白简进京赶考，在遇龙酒馆遇见了微服私访的明成祖朱棣。名君得遇贤士的套路之余，白简还把先前得自二龙山上江湖人物公孙伯所奉赠的一件胭脂褶转送给朱棣。之后，穿上龙袍、恢复帝王面目的朱棣封白简为“进宝状元”，复招安公孙伯；这些都是老戏之中顺理成章、司空见惯的情节了。

然而故事是拼盘，拼凑成篇的下半场则换成了受封为八府巡按的白简微服私访，不意失落印信，被人拾去了，献给酒鬼县官金祥瑞。金祥瑞酗酒无能，公务皆倚赖班头白槐打理，而白槐又恰好是白简失散多年的父亲。

父子因公务往来而得以重聚，遂由白槐设计，趁金祥瑞谒见白简之时，白槐自去衙署后纵火，白简则托辞救火，径以空印匣交付金祥瑞保管。故事的趣味就在醉鬼县官发现印匣是空的之后，向白槐告急求助，白槐于是献策，把拾来的印放入匣中。白简的官衔、性命保全了，还得以奉养那足智多谋的父亲。

这故事和许多民间戏剧一般，有着市井小民对官僚人物一厢情愿的想象，可是白槐的机智与金祥瑞的颟顸、白简的迂阔所形成的鲜明对比，恰恰铺陈出小人物戏弄与拯救大人物的喜趣。然而，戏演完了，再回头看看那戏名——《胭脂宝褶》；简直令人有不知所云之感。我就记得了一个读作“穴”的“褶”字，“夹袄”。

这个字，跟父亲教我的另一个故事的记忆还重叠在一起——让我先说这第二个故事；那也是出戏，叫《赠绨袍》。戏名应该出自唐代大诗人高适的《咏史》：“尚有绨袍赠，应怜范叔寒。不知天下士，犹作布衣看。”

“范叔”，即范雎。《史记 · 范雎蔡泽列传》载：战国时范雎遭受私通齐王的不白之冤，被辱几死，靠了买通守卫、换以死囚之尸，才逃到秦国，改名“张禄”，游说秦昭王以霸术，拜相封“应侯”。当魏国派遣须贾使秦求和之时，范雎刻意假扮潦倒，遇须贾于道途之间。须贾毕竟还有怜惜故人之意，送了他一件绨袍。后来须贾才发现：他要求助的“张禄”竟是范雎，立刻前去谢罪，范雎说：“然公之所以得无死者，以绨袍恋恋，有故人之意，故释公。”便放须贾回魏国去了。高适《咏史》诗里的“寒”字一语双关，既是寒冷，又兼具贫困之意。

父亲为我说了故事，顺便说：绨袍，就是厚袄子。

好了，又一件袄子。在亚热带的台湾生长，没体验过多么厚重的衣物，居然将“褶”与“绨袍”混同为一物，而且在教孩子认字的时候还传衍了那个“穴”字的读音。

其实不对的！“褶”作夹衣解释时，读若“叠”；作“左衽骑射之胡服上衣”解释时，读若“习”；作衣裙上面经折叠（甚至熨烫）而留下的痕印解释时，读若“者”。三处都不一样，但是从来没有“穴”这个读音。读作“穴”的这个音，恐怕是父亲老家塾里的先生依乡音的读法。至于《胭脂宝褶》，主体是“失印救火”的故事，与《赠绨袍》更是南辕北辙的两出戏，连袍子都不一样。

至于字形上和“褶”也很相近的“摺”就更复杂了。

“摺”也有“衣上叠痕”的意思，所以也读“者”，通常以语词“摺子”表述。但是更多的时候，摺作“折叠”“转折”“重”“层”或者是杂剧里面的一个段落，和“折”字相通，读音也同于“折”。可是，这个“摺”如果放在“折胁摺齿”（打断肋条、拉断牙齿）的四字成语之中，“摺”字居然要读作“拉”。有趣的是，“折胁摺齿”四字的出处，恰巧就是前文中提到的《史记·范雎蔡泽列传》：“魏齐大怒，使舍人笞击雎，折胁摺齿。”别忘了，要读“拉”齿！

与“摺”字相通的这个“折”写起来轻松，会意起来也不容易。这个字，从小篆以后，直到楷书、行草，一路写来都是提手偏旁，但是这并非造字本源。在甲骨文（）和金文（）里，“折”都是右边画一个表示刀斧的符号，左边画两束上下割断的草，这就相当清楚了：折字的本义就是以刀斧断物。比较起甲骨文里的“析”（），反而十分接近，只不过甲骨文的“析”字的左右两个字符和楷书正相反，看来刀在左边，而右边的木头并没有被斩断。

中国人古往今来都好说文解字，有时穿凿得近乎荒唐，不过，这样也足见用字人时刻揣摩造字人的心意，如此虔诚，的确是文化的核心。我在寻访那“褶”字的过程中，仔细读了“习（習）”字的来历。文字学家们对于习字底下那字符究竟是“日”还是“白”争执不休。有人说：小鸟学飞尽日不息，故应从日；有人说：小鸟学飞费劲使力，口吐白气，故应从白。这喧呶之争说来有些无谓，却总令人兴起一种肃然之感。

字词辨正

一斧劈来都是字

一、有一个常见的词“习习”，以下何者不是它的意思？

①风吹和舒貌 ②鸟儿振翅屡屡欲飞貌 ③努力求学貌 ④行路貌

二、“析圭”是指：

①鉴定玉石 ②收藏宝器 ③核对契卷 ④分封官爵

三、“析薪”含意丰富，但是不包括何者？

①劈柴 ②拣选合适的燃柴入灶 ③继承父业 ④替人作媒

四、“折冲尊俎”常用来形容辛苦调停及排解纠纷，此处的“折”是指：

①判断 ②审理 ③防止 ④打击

五、今人称“一拃（音‘眨’）”应为“一折”，为简易度量长度的单位，其法为伸张以下何者？

①拇指到食指的长度 ②拇指到中指的长度 ③拇指到无名指的长度 ④拇指到小指的长度

六、“折券”的实际意义是：

①换取买卖折扣的文凭 ②毁弃债券不再索取 ③将文件收整归档 ④兑换等值货币的代金

七、“折干”一词的正确意涵是：

①南北漕运明令规定的粮米损耗额度 ②用钱代替实物 ③以金银财宝行贿 ④以上皆是

八、“折齿”除了字面上的意思之外，亦表“备受挫辱”；然而，也与下列哪一种情境有关？

①调戏妇女被拒而受伤 ②窃取财物被捕而受刑 ③讨好上官被斥而受辱 ④凌辱下僚被诉而罢职

九、“折胁摺齿”这个成语中的“摺”字读音与下列何字相同？

①拉 ②折 ③者 ④习

十、“褶”字的正确读音究竟为何？

①叠 ②习 ③者 ④以上皆是

答案：③、④、②、③、①、②、④、①、①、④

變

我变、我变、我变变变

——自其变者而观之，也要自其不变者而观之。

若说看老电影是一种享受，那享受的滋味之中一定有很大一部分未必关乎影片情节或情感，而是观赏者重返了自己早先的人生。也许还不只是重新想起什么而已，不是这样简单、率直；我相信在那整体的重返经验的深处，还会有所发现，发现我们原来曾经如此不一样地感受过、理解过自己和世界。

一九八〇年，罗伯特 · 雷德福执导了他生平的第一部剧情长片《凡夫俗子》（*Ordinary People*），我对这部片子有出奇深刻的印象，包括主要演员的姓名和他们各自在影坛上的表现，也包括影片在第二年获得四项奥斯卡大奖的奖项。我甚至还能在三十八年后重看之际，背诵出片中好几段并不特别出色的台词。从这部片子之后，我没有错过任何一部罗伯特 · 雷德福执导，以及唐纳德 · 萨瑟兰和蒂莫西·赫顿参与演出的电影，而且总在其他的电影中寻觅、对比这些演员在《凡夫俗子》里的角色性格或情感。

对我而言，不论之前之后看过多少部伟大的影视作品，《凡夫俗子》都是一个不能超越的地标。而且我深深明白，这种里程碑似的感动并非来自它的形式或美学，而是它所揭橥的主题和意义。

一个中产小康之家忽然遭逢了长子溺毙的巨变，故事开始的时候，悲剧已经落幕。但是，家中的父母和弟弟如何化解或是领悟悲痛，则成为各自无法承受、却终于无法回避的课题。对我而言，这部从头到尾说着家常话的电影带来最强烈的冲击竟然就是ordinary ——溺死的亲人（失去了挚爱）或许只是一个隐喻；这隐喻为我们揭露的真相是寻常生活的艰难，而那艰难的本质却来自人们不能面对生死际遇所带来的改变。啊！我们多么怯懦？

电影故事里的弟弟为了自己在帆船事故中生还而自责，母亲则陷入不能追求幸福的苛刻自溺，父亲除了继续扮演老好人之外，“只能坐在围墙上目睹妻儿随波逐流而去”。受苦而勉强活着的人甚至不知道自己还拥有爱的能力与否。这个疑惑，到电影结束时仍无答案。

人生样貌，自其小者而观之，一瞬而何止百千万变；自其大者而观之，回首前尘如观赏老电影，也不免令人有今夕何夕、逝者如斯的感怀。那么，无论我们随时感知、或者是久后察觉的种种变化，难道只是此一时也不同于彼一时也？只是这样吗？

从汉字造意来说，好像不仅如此。

有些字典将“变（變）”收入言部，有的则收入攴部，无论归类的想法如何区别，都显示了因外力（“攴”作打击解）或言词

（商议或辩论）而导致事物不同了。

从许慎的《说文》开始，赋予“变”字一个“更”（读一声）的意思，这就是本义了。更，通常表示代、换、改之义。不过，细心认字之人不难发现：“变”这个看来头重脚轻的字的上半身，似乎还有难以贯通意义的字符——在言字两边，拆分了一个“丝（絲）”。无论放在一个字的什么位置，拆分成两处也罢、砍去一半变成了“纟（糸）”也罢，这个字的意思是不怎么改变的，多表“存续不绝”。

改变、取代、置换，听来和存续不绝似乎很矛盾吧？然而造字者似乎正是要强调：万变不离其宗。无论经由外力迫使或者是言词说服，变化的主体还是像丝一样绵长而不中断。甚至，包含了言在内的丝，也是一个独立的字符，读若“峦（䜌）”，本有“治”“不绝”之义。汉字的道理好像还真是正说反说、无不可说。

除了变化、更改之外，变还表示一种因时、因事而制宜的方略，所谓权变。而“权变”大概是此字少数较具正面意义的语词。其他如灾异、死丧、祸乱等，看着总令人不太舒服；可见造字的古人大概是不怎么爱“变”的。而这正是文化底蕴的流露；光从这个字来做出“中国人不大喜欢变化”的推论也不算离谱。

变字写着繁复，也有让事物复杂化的意思。唐五代时期的一种说唱文字被称为“变”或者“变文”，内容多讲述佛经故事，日后民间传说、历史轶闻也掺和进来，丰富了这种体制。至于为什么称之为“变”，学界众说纷纭。我的看法是：素朴的道理包裹在动人的情节之间，这种加工、装饰，正如同《周礼·春官》所记载的

“变几”——相对于“素几”一词，便一目了然——在素几上添加玉材、巧为雕琢，甚或髹漆涂红，都是为了吉事祭神之用，这就是“变几”。所以“变”，还含有踵事增华的装饰之义。

比方说我们偶尔会用的一个古语：“豹变”，说的是幼小的豹渐渐成长，脱褪了原先的胎毛，变得纹采焕发。语出《易经·革卦》：“君子豹变，小人革面。”说人改过向善，或者是称人由贫贱而至于显达——这也是变好的意思。

可是，变卖、变产、变现……这一类的词却给人一种卖方要吃亏的语感。还有“变主”，是宋代就出现的一个词汇，说的是遭遇盗匪打劫的人。如此说来，变还真不见得是好事。我们常说“变天”，除了政治上的改朝换代，用意不外是指天气忽然转变——而且通常是用在转寒凉、转风雨的时候。但是，在《吕氏春秋》上，“变天”另有专旨，说的是东北方包含着箕、斗、牵牛等星的天区。注解《吕氏春秋》的高诱认为：“东北，水之季，阴气所尽，阳气所始，万物向生，故曰变天。”这个概念，正好和俗语的天气变坏是相反的。

人们经常追求变化，也忧心难以应付变化；世事多变，而变之为善为恶，却又福祸相倚。单从一个变字的多方面来看，还真找不出一个绝对的答案。你想要改变吗？再想想。

字词辨正

变化何以莫测？

一、下列哪一句中的“变”字意义与他者不同？

①夫子之病革矣，不可以变 ②前有利兽之乐，而内无存变之意，其为害也不难矣 ③舍人弟上变，告信欲反状于吕后 ④卒然有非常之变

二、下列哪一句中的“变”字意义与他者不同？

①非亟得下东国者，则楚之计变，变则是君抱空质而负名与天下也 ②守经事而不知其宜，遭变事而不知其权 ③范蠡乃乘扁舟浮于江湖，变名易姓，适齐 ④刑者，侀也；侀者，成也。一成而不可变，故君子尽心焉

三、和一般的“几”比较起来，“变几”是比较：

①素朴的 ②装饰的 ③次等的 ④古老的

四、“变告”是：

①告发谋反 ②捏造情报 ③篡改文书 ④传递谣言

五、除了天气上、政治上的剧烈变化，“变天”容有下列哪一个古代天文学上的解释？

①星辰稀疏的天区 ②天亮前的天区 ③东北方的天区 ④遥远不可观测的天区

六、下列哪一个词语和他者不同？

①变现 ②变产 ③变计 ④变卖

七、“变主”是指：

①主导大局走势的人物 ②负责的革命者 ③出主意的谋士 ④受劫掠的苦主

八、“变卦”本来是卦爻互变而成新卦，但是俗语中变了意思，指的是：

①已经决定的事临时生变 ②事情的发展超乎想象 ③努力改变现状却失败了 ④意外的阻力破坏现况

九、“豹变”的意思是：

①性情变坏 ②遭遇凶险 ③逃离事故 ④改过迁善

十、“变相”二字究竟是指什么？

①铺陈佛经内容而绘画成的图像 ②改变原来的模样 ③事物的形式不同但内容或本质并未改变 ④以上皆是

答案：①、②、②、①、③、③、④、①、④、④

贰

见故人

龍

关于龙，我们有些误会

——你得先相信：它不是动物。光是这一点，就很难。

我二十岁那年初见贾公，他不过六十许人，却独居在台北北郊万里乡的一所老人院里；地近海，十分荒僻。

父亲说服我去看这样一位老人家可花了不少气力。称道他学识好、人品高，一笔字写得如见“二王”，这些都难以打动我。但说贾公打从一九四九年来台以后，始终单身未娶，是因为在山东济南老家有妻有子，他这是“守节”。当时的我有些好奇，为什么守节？

在辗转换车前往万里乡的路上，我问父亲：“贾公为什么要守节？”父亲说：“不知道。关于贾公，很多事其实我也不知道的。”

那一次见面，贾公所言及身世者不多，当然也不会倾吐个人私密之事。印象中许多话题都围绕着我在中文系念书的内容，从经籍掌故，到章句训诂，却滔滔不绝。的确令我惊讶叹服的，是他同济大学电机系毕业的学历，与文史专业的学术领域毫无关系。

杂谈本无约束，贾公却似乎看出了父亲带我拜见乡前辈的心思，竟再三嘱咐父亲：关于家学风教，毋须寄托过甚。我尤其记忆深刻的是，他说：“不必望子成龙。”

“中国人坏就坏在望子成龙。”

以一种完全出于想象而显示形貌的动物而言，我们似乎不必附会于考古学或生物学上的知识来印证龙的存在。龙之为物，就是呈现了中国人对大自然最深刻的敬畏。它是最高权力的象征，集祥瑞与威势于一身，能大能小，且腾且隐，无论是潜于渊、战于野、飞于天或浮沉于江湖，都洋溢着神秘而灿烂的精神，而且昭示着活泼无穷的变貌。

从甲骨文的字形（）来看，本来很简单，就是一个倒置的曲线形角锥，有如向右侧歪斜的A字，A中间的一横向外延伸，勾成盘屈的身体、结束于像倒钩一样的尾端；而A的开口便是龙最显著的象征：一张大嘴。

到了较晚期的甲骨文里，龙的“肉冠”明显起来，而且形状多变，规矩转折的方笔似乎有意表现那肉冠不是天然的，倒像是顶帽子：这意味着人们开始“用自己的形象造神”。无论后世的文字学家怎么割裂拆解，把龙头、龙身、龙尾分别赋予不同的来历，至少在绝大部分的甲骨文、钟鼎文里，龙还是完完整整的一尾活龙。

然而中国字越来越迁就方块，太长、太宽的造型都得随书写规格而改变。到了秦代的小篆（），龙就给圈进了笼子，左一边、右一边，龙头与龙身、龙尾分居两处，简直令龙的传人不忍卒睹。

我们今天唱流行歌，通常不会感觉《龙的传人》也是个被曲解的象征。龙的传人第一代九个儿子，没有一条成龙。九子说法不一，到了明朝士人的手里，才算是总结了流传已久的民间说法，把这九子的名目和职守大致定了下来：分别是“囚牛”“睚眦”“嘲风”“蒲牢”“狻猊”“赑屃”“狴犴”“负屃”和“螭吻”。说它们有的看门，有的司狱，有的坐屋脊，有的踞刀头；也有抱香炉的，也有驮石碑的，也有守桥墩的，也有护食具的，各自因缘分际，不一而足。但是没有一条是龙。

就传承二字来说，这样传而不传，实则深具意义——至少，对于那些望子成龙的父母来说，应该认清这龙生九子的神话所着意者，原本就是一代与一代之间活泼的变化、率性的差异。每一头龙子，都具备了一些前代的特质，却绝非父母的复制品，更不是实践父母私心渴望的工具；九子不肖龙，当作如是观。

有关龙的误会，流传最为广远的是“群龙无首”。我们一般使用这个成语的时候，多指一群人没有领导，缺乏共识，而不能合作行动，达成共同的目的。但是在《易经 · 乾》中的原文如此：“用九，见群龙无首，吉。”如果说一伙乌合之众，不能协力齐心，怎么会是“吉”呢？

显然我们要从反面来看：如果一群共事之人，人人各成一龙，又何必要定于一尊，唯领导者之马首是瞻呢？

最早提醒我“龙生九子不肖而各有所为”的，以及“群龙无首，吉”的，正是贾公。然而，想起他来，我更常会想起父亲的话语：“关于贾公，很多事其实我也不知道的。”那一次会面之后没有多久，岁序方才跨入八〇年代，贾公消失了，老人院忽然留下了一间空房，没有人知道他去了哪里。我不由得想起孔老夫子的话："至于龙，吾不能知，其乘风云而上天，吾今日见老子，其犹龙邪？"

又过了将近十年，父亲忽然有一天从对岸得到消息：这位曾经担任十一战区政治部少将主任秘书、东南长官公署人事室主任、以及中将简任一级秘书的贾公，已经是北京市人民政府参事。他在台湾的一切行藏，到今天看来都是一个彻底的谜。

我在上世纪九〇年代初曾经赴北京探访过他两次，他白髯当胸，鹤发童颜，一派潇洒。只是和妻儿相处得极不融洽；然而老人似乎浑不在意，已经忘记了曾经点拨过我"龙生九子不肖而各有所为"的话，却道："我的名字叫'似曾'，父祖命名是希望我能比拟曾子；可是我看这名字，不过是'恍兮惚兮，似曾相识'的意思而已。"

究竟什么样的人格能担待得起用"龙"字来形容？《世说新语·容止》形容王羲之："飘如游云，矫若惊龙。"可以给我们一个提示。从"东床坦腹"那个著名的典故可以得知，当王家子弟个个为了能当上太傅郗鉴的女婿而矜持作态、故示庄重之际，只有王羲之坦腹东床，置若不闻；其从容潇洒，无与伦比。这样的人，怎一个"龙"字了得？

字词辨正

说龙

一、俗谚“龙多乃旱”，意近于：

①意见纷陈，不易协调 ②枉费功夫 ③过多的变化反而使得目的难以达到 ④三个和尚没水吃

二、“龙雏”是指：

①帝王年幼的时候 ②小蛇 ③幼笋 ④多年生藤蔓植物的嫩芽

三、“龙蠖”二字并举，是因为两者都：

①能屈能伸 ②模拟环境而变化 ③属于体态细长的动物 ④十分罕见

四、以下何者与“龙吟”的用意无关？

①形容箫笛之类的管乐 ②形容深沉或细碎的声音 ③形容人语音洪亮 ④形容华丽高贵的诗篇

五、“龙户”是指：

①生活在水上的居民 ②深山里的隐士 ③帝王之家 ④状元之家

六、“龙山会”是指：

①上元节灯会 ②端午竞渡会 ③重阳登高会 ④除夕团圆会

七、关于“龙甲”，以下何者为误？

①作战用的甲胄 ②蛇蜕之黑色鳞片 ③一种红色的蜻蜓 ④雪片

八、“龙具”是指：

①细丝织成的衾被 ②乱编麻制的牛衣 ③油纸做的雨伞 ④皇家的礼仪服饰

九、“忌”有“禁”的意思，那么“龙忌”呢？

①禁止议论国事 ②禁色欲 ③禁烟火 ④国殇期间禁一切娱乐

十、“龙津”是地名，即龙门，也有仕宦显达之途的意思，那么“龙津女”呢？

①酌酒侍客的妓女 ②达官显贵的千金 ③被逐出门第的妇女 ④龙津地方的姑娘

答案：④、③、①、④、①、③、②、②、③、①

英雄

英雄不与常人同

——超越众生，超越凡俗，超越往昔，英雄们背负了不少期许。

那时，他住我隔壁，一家五个孩子，三男两女，非常热闹。他和他二哥的名字里重了一个“粹”，却又不是排行字，二哥叫“粹豪”，他叫“粹洁”。我没写错，不是杰，是洁。我曾经问过他：为什么你哥是“豪”、你却不是“杰”呢？他说他也不知道，叫他回去问，他不敢。

一村四排百余户军眷人家，那一拨年纪相仿佛的孩子总在三十个上下，我独与粹洁相亲近；一来两家相邻，二来他有一种么儿的憨懦气，让人总觉得应该随身携带，不可须臾离之。时日稍长，粹洁也会展现出一种“士为知己者死”的冲动情感，总在各种我们共同参与的童戏之中，出任最艰难的角色。

比方说：玩起“追踪旅行”，他一向当那个极端无趣的“鬼”，只能在棋盘也似的巷弄中来回绝望地巡弋，深知所有的人都不会认真留下足供同伴清晰辨认的行踪记号，甚至大部分的人都早早溜回家洗澡睡觉了。唯独他仍然一盏接一盏的路灯、一袖擦一袖汗水，绝望而不假思索地四下张望。我曾经在隐蔽处窥看过他假装已经发现了敌踪，蹑手蹑脚朝根本无人之处扑身，甚至还和空气中的不知什么鬼说话："好罢！这一次就暂且放过你了！"

再比方说，有人发起打棒球，我由于家里有废弃的网球（这是主要球具）之故，得以出任投手，一整条巷子里愿意为我担任捕手的，也只有他。他非但不比别人更会接球，相反地，每当人挥棒落空，他一定闭眼，只能用球套护住脸面，接着就任凭身体的某一部位把球挡下来。偶然接住了球，他还会非常惊讶地多看一眼手套，笑着对我说："好球啊！"

这种游戏中带着小小情义的日子并不太长，很快地，我进了一所以升学闻名的私立初中。考试开启了新的洪荒时代——过关的跌入更多考试的梦魇，过不了关的跌入逼人的现实。初中时代，我几乎没有见过粹洁的面，邻居的孩子都已经长得腿壮腰圆，偶或在巷弄中相遇，说起话来也会惊讶对方声音变得粗嘎不堪。于是乃有"粹洁进去了"的传闻，我向粹豪打听过，做二哥的讳莫如深，只说：粹洁转了学，所以得去桃园亲戚家借住。

村里的传闻虽然简略，却没有停过。大约是说：粹洁一进初中，便被吸收入某帮派，成了小弟。据说他在学校里倒还不太撒野，但是在"外面"，刀光剑影的场子乃是家常便饭，这一趟他进的是桃园的少年观护所，不是什么亲戚家。然而我到那一刻才听出一个道理：我的人生，原来一直没有“外面”。

升上大三的一个暑假，我在雾社的一个夏令营担任服务人员，团体活动之中居然有童子军体系所发展出来的、具备严格意义的追踪旅行。玩到有一整个小队在深山中的保线路上失踪一夜，我负责各种对外联系的时候，清晨时分，无意间接到一通电话，竟然是从来不理会我任何课外生活的父亲，劈头一句：“隔壁李小弟在家门口劫囚车，被捕了。”

老人家还叫他“李小弟”，报上的称谓则是“大盗”，详情则是在延搁了一天以后才跟着前一天的早报来到迷雾萧森的温泉山区，也没什么更惊悚的细节，不外是持枪、西藏路中华路口、还有一名同伙的女子。我脑子里全是电影里的画面。唯一的对白只是：“为什么你哥是‘豪’、你却不是‘杰’呢？”

英雄豪杰四字一出，小说感就来了。仿佛现实人生巴望不到的人格、境界、胸怀、理想，都在虚构的文本之中可以获得解决；英雄豪杰，大约就是那样遥远的人物吧？

“杰”字是这一组语词里“内部矛盾”最大的一个字。稍通国史可知，杰（傑）的字根“桀”是上古之暴君，万恶归之无疑。“桀”的确是个坏字眼，本来是将被处决而身首异处的罪犯高高挂在木架上示众。怎么会有人起这名儿呢？原来“桀”是个谥号，这暴君本名叫“履癸”，由于残暴好杀，谥之以“桀”，就是为了要给他留个骂名。

由于“裂杀示众”过于残忍，一般通行的解释多以“鸡栖于桀”来表现这个字的意思，那就温和许多。此字流通之义成了标示所在的木桩子，至于“桀”上面到底挂着什么，就不追究了。由此而衍申出竖立、特出，甚至坚硬的语意，但是仍不免在某些时候，用以表达“凶悍横暴”，像是：桀虐、桀悍、桀猾等等。不过，一旦为这字加上一个人字偏旁，恶义尽销，人杰出世。

豪杰两字一向并称。“豪”本来也就是貆猪（箭猪）一类的小兽，身体上有“笔管”也似的硬毛，可能让老古人暗生敬畏之心。汉代的《淮南子》称“智过百人”为豪更早在先秦时代，道术家之言《鹖冠子》则称“德千人者，谓之豪”，这就不是倚赖智力过人取胜的衡量，而是将这个字赋予了造福公共的社会价值。尽管我们还是称势力强大、才智出众，以及放情恣性者曰豪，然而“德千人者，谓之豪”一语，的确可以提醒我们：聪明才智愈大者，宜服万千人之务这样的理想情怀。

“雄”字最早见于小篆（），甲骨文、金文都没有它，原本只表现动物的性别。左边这个“厷”（音“洪”）是具备意义的声符，指人的上臂（肱）——也是人最能出大力的部位。这就把强力、出众、勇武、刚健甚至富有和险要……之类的意义牵连进来。

“英雄”并不是一个太古老的词汇，至少在汉代以前的古籍中皆无所见；连司马迁都没用过。倒是在班固的《汉书》上，提及刘邦“总擥英雄，以诛秦、项”。日后英雄便演变成一种或一群能够乘时造势、左右世局的人上之人。“英雄不怕出身低”“英雄所见略同”“英雄气短”“英雄无用武之地”……这些个俗语有一个共同之处：无论英雄发达或者沉埋，他们实在引人侧目。

明代的李攀龙在《唐诗选序》一文里，还发明了一句酸溜溜的

“英雄欺人”，来讽刺李白：“太白纵横，往往强弩之末，间杂长语，英雄欺人耳。”李白在唐代甚至在整个中国诗史上都是独一无二的发明家，其句法变化雄奇，无出其右者——那么，他欺负了谁呢？恐怕就是欺负了（像李攀龙那样的）千古以来没能比他的语感更自由的诗人们了。

英雄豪杰在不同的时代、不同的社会、不同的生命情调和生活环境里，大约都旨趣各异。中国字的字义早已昭示了这一点：那些特出的人、那些伟大的事、那些高超的情感、那些动人的故事，各有面目，但是皆非寻常之辈所能争取赢得，最关键的一点就是他们不与人同。最多的时候——我们不难发现——堪称英雄豪杰者，他们肯做的牺牲也与常人迥异。

我没说完的是粹洁。粹洁距离豪杰，果不其然还有十万八千里，连名字都只涉嫌同音罢了。可是我始终记得雾社活动完毕归来的那天傍晚，父亲同我见面第一句话就是：“李小弟帮衬他一大家子这么过来的，也不容易，你不要瞧他不起。”

字词辨正

论天下英雄

一、“英”的初义是花，也有“草木初生的苗”的意思，试问在此义时，“英”字读作：

①殷 ②秧 ③映 ④英

二、“豪”原本是指哪一类的动物？

①虎豹 ②熊罴 ③貆猪 ④麋鹿

三、古代道术家对“豪”的期许是：

①能造福于他人 ②能造福于百人 ③能造福于千人 ④能造福于万人

四、下列哪一个词中的“豪”与他者字义有别？

①豪汰 ②豪侈 ③豪宴 ④豪矢

五、“雄方”是近世以来罕见少用的词汇了，它的意思是：

①胜利一方的军队 ②大块烹调用肉 ③赢得交配权的动物 ④题诗的大板子

六、“雄黄”是药材，那么“雄红”呢？

①牡丹 ②牲血 ③朝霞 ④庙门

七、“雄成”一词在《庄子》中有贬义，说的是：

①以成就某事为傲 ②男性强出头 ③过于努力求胜 ④以折服他人为能事

八、“雄”之成字，左侧的音符“厷”也表现了字义的起源，是指：

①性别 ②力道 ③美好 ④高大的意思

九、“杰郎”是指下列哪一种人？

①巧匠 ②将帅 ③和尚 ④副官

十、以下哪一个名词所指称的不是坏人？

①桀宋 ②桀溺 ③桀跖 ④桀篡

答案：②、③、③、④、④、①、①、②、③、②

蛇

蛇龙百变岂虚与？

——蛇有令人生惧的特质，但是，有关蛇的字义，不只是恶毒而已。

“那蛇究竟有多么大呢？”冯伯伯瞪着一双圆眼问道。

我看看小凯，小凯看看他姊姊小宝，小宝看看她那个还未必听得懂问题的么弟彦国。除了彦国，我们每个人都摇了摇头。冯伯伯又把一双圆眼从左往右再从右往左，慢慢巡了一个来回，才继续说：“小和尚也不知道啊！怎么办呢？就只好硬着头皮往山洞里走吧？”

这是典型的冯家的故事，和我家的风格大异其趣。在我家，父亲总是手捧一卷演义，照章按回一节一节说。罗贯中、施耐庵和吴承恩怎么写，父亲便怎么说，那时节我对书本的认识，就当它是父亲声音的来历。冯伯伯的说法完全不同，他手上就一把圆扇，大鼻象和飞天鹅都是从那扇子里随手扇出来的。小和尚也是。

那小和尚的故事，我只听了一半，就跑回对门的家去，照原样说给父亲听，希望他也能“讲这种的故事”。但是，“既然是好听的故事，为什么不听完呢？”父亲颇为疑惑。

“太可怕了，我想在家听比较好。”我说。

父亲哈哈大笑，说：“那我不会啊！你冯伯伯有那本事：吃铁丝儿、拉笊篱——肚子里现编。我没那本事。”

冯伯伯的小和尚在那山洞里走了三天三夜，路越走越窄、越走越暗，也没看见那一条令村人们惊恐不已、争相传说的大蛇。他的粮食吃得差不多了，饮水也只剩下小半壶了，打火石和油料大约也不够点一时半刻的火把了。他有些气馁，想想：或许等春天里，那蛇睡醒了，出来活动的时候，再来找罢。小和尚只能暗自祈祷：没有那蛇胆，希望师父的病还能够撑下去。不过，若是有佛祖、菩萨保佑，勉强撑过了冬天，应该是可以的吧？

就在这么想着的时候，地面和山洞壁面忽然之间上上下下、左左右右地摇晃了起来。看样子，又发地震了。小和尚可不想被活埋在这偏僻的山里，他抓紧了火把，撒开双腿，拼命往回跑。

说也奇怪，连这地震都似乎故意跟他为难。平常发震，不过就是抖擞那么一下，眨眨眼便过去了，这一回真不寻常，仿佛整座山给这大冬天的寒气冻坏了，就这么一刻也不肯停地打着哆嗦。

“蛇，会不会被这地震给震醒了、就出来了呢？”冯伯伯又瞪起那一双圆眼问我。

我站起身，却不敢回答。

“不会不会，不怕不怕！”冯伯伯笑着说，“因为——”

他又停了下来看看我，我看看小凯，小凯看看他姊姊小宝，小宝已经大叫起来。“因为——”冯伯伯拉下脸，看似既害怕又凶暴地说，“因为小和尚根本就在这条蛇的肚子里呀！”

我就是在这一刻冲回家的。

许慎没见过甲骨文，但是他很笃定地表示：“它”字（）就是“蛇”字，而且还想象着上古时代的人草居野处，对于蛇之为患，是非常有戒心的；是以彼此之间相问讯，都会说：“无它乎？”徐灏作《说文解字注笺》的说法是：“它、蛇，古今字。”所谓“古今字”，根本就是一个字，相隔多年、两种写法。证诸两千年后出土的甲骨文，许慎说得一点都不错。

但是，我们更可以利用文字之间的假借来解释一个字变成两个（甚至多个）字的现象。本来一个象形的蛇字，写成“它”（今音读若“蛇”），写成“虫”（今音读若“毁”，同“虺”），所指都是同一个物种。当假借现象发生以后，“它”字非但指称体圆而细长的爬行动物，也因读音之小异而拥有了不同的意义。今音读若“脱”的字，指“别的”“另外的”。后来更写作“他”这个字。它者、它心、它年、它故，念成“脱”、或者“他”，都是可以的。

此外，“它”也有“陀”的读音，如“它它藉藉”（读若“陀陀及及”），形容的是纵横交错的样态。在今天读来，“它它藉藉”的“它”便是一个二声字。另外还有一个语词：“橐它”。“橐它”有时也写作橐佗、橐驰、橐驼、橐駞，读音和意义都一样，意思就是骆驼。柳宗元有《种树郭橐駞传》，形容的是驼背的人，然而用字如此。

至于“蛇”（），则非常奇特，其构成，竟然是左边一条蛇、右边一条蛇。晚清的文字学者罗振玉推测：蛇本来可能也有写作两条蛇游动的象形字，在很古老的时代就被人“误析为二”——也就是误认成两个不同的字符（左虫右它），到了许慎眼中，承继了这一看法，才又在虫部之外，别立他部，根本重复了。

蛇，也不是只有一个意思。作为动物的蛇，还有种种形貌情态，与哺乳类大异其趣。它柔软屈曲、可以缠绕盘回。“蛇蛇”二字连用，读若“宜宜”，可以形容人呈现一种安舒之态，也可以进一步状述人浅薄而自大的样子。

蛇字读“宜”，比较常见的是在一个成语之中：“虚与委蛇”。这话出自《庄子·应帝王》，语意相当复杂，既表现了雍容自得的模样，也隐含着顺随应承的情致。

“委蛇”的蛇如果回到蛇的本音，则这个词还是一种鬼物的名称——在《庄子·达生》里形容：委蛇，大如车毂，长似车辕，穿紫衣、戴红帽，不喜欢听打雷之声、车行之声；一旦听到了雷、车的响动，这东西就会捧着头呆立在原处，而遇见委蛇的人，将会成为天下的霸者。这段话听起来像是胡扯，胡扯的话居然也为齐桓公听信了，而且还十分高兴呢。正由于古文传写多方，虚与委蛇的写法很多，包括：“虚与委蛇”“虚与委移”“虚与委迤”“虚与委虵”，都不能说是错字。

蛇鼠常为人并举，不是什么好东西。蛇鼠一窝、蛇鼠横行，就是群聚一处、作奸犯科的小人。蛇入鼠出，则形容人行踪隐密，所反映的仍然是人鄙夷这两种动物的成见。比较奇特的是“蛇豕”并举，说的却是由于贪残暴虐而残害人命的景象，语出《左传·定公四年》:“吴为封豕长蛇,以荐食上国。”

说这话的是申包胥,当时,流亡的伍子胥搬请吴国的大军、攻破楚国郢都,申包胥眼见国之将亡,只好北上至秦国,请求秦哀公发军救援,所以他把吴国形容成肥猪巨蟒,是能够逐步侵蚀邻国的恶兽。然而,必须附注的一点是:蛇也不全是恶毒的征兆。它的体型与传说中象征皇权的龙相近,所以“蛇化为龙,不变其文(纹);家化为国,不变其姓”。说明了“蛇变”一词,甚至还有一种高张雄视的伟态。

与蛇有关的词汇之中,只有“蛇祖”令人费解,说的是竹子。可为什么是竹子呢?对我而言,蛇祖应该是一条超级大蛇,它张着嘴让人走闯进去,走上三天三夜也走不完……

字词辨正

它,就是蛇,它们也是

一、“它它藉藉”的意思是:

①交错杂乱 ②井然有序 ③名誉很坏 ④声望极高

二、“君子正而不它”的“它”(读作“宜”)是指:

①分歧 ②歪曲 ③恶毒 ④变动

三、“橐它”(读若“陀陀”)是哪一种动物?

①蚺蛇 ②乌龟 ③骆驼 ④蜣螂

四、“蛇蛇”是一个形容词,有浅薄自大之态;但是,也可以形容为:

①蠕动貌 ②盘旋貌 ③危殆貌 ④安舒貌

五、除了绵延屈曲、弯折行进的形状样态之外，“委蛇”二字还表达了什么意思？

①雍容自得 ②顺随应承 ③就是蛇的名称 ④以上皆是

六、挑出有错字的成语：

①虚与委蛇 ②虚与委移 ③虚与委它 ④虚与委迤 ⑤虚与委虵

七、“蛇入鼠出”比喻的是：

①处所荒圮 ②行踪隐密 ③榛莽茂密 ④盗匪猖獗

八、“长蛇封豕”形容的是：

①贪残害人 ②水草丰美 ③天然未凿 ④物种肥大

九、“蛇床”（或“蛇粟”）是一种羽叶植物，状似蘼芜，可以制药。那么“蛇祖”又是哪一种植物的别名？

①梅 ②兰 ③竹 ④松

十、“蛇变”有以下哪两个意思？

①洪水泛滥 ②蛇妖灾异 ③盗匪猖獗 ④帝王兴起

答案：①、②、③、④、④、③、②、①、③、②④

灾

认栽？认认这个灾

——看来都是自然天数之故，人力微薄不支，却凝聚了自己的道德勇气。

Fudy 和我本来是两条道上的人，起初由于我做广播节目访问了他而结缘，后来成了朋友，是因为他种田的缘故。他可以不种田，然而他选择种田；我想种田，可是现实上不允许。我羡慕他能够在建立起自己的厨艺小王国之余，照顾一块又一块以自然农法支撑生产的田地。他是大饭店的厨艺总监，可是名片上印着的显著头衔则是“农夫”。

听这几句话，他说的：“之前我的农场出现很多的蚜虫，现在慢慢地消失了。因为我的环境让瓢虫来了，瓢虫的幼虫很喜欢吃蚜虫。”他总是在城市里面或者边缘找到一块面积足够开垦的荒地，清理了废弃物之后，逐渐创造出让土地自然生出杂草的环境条件，大概就什么也不做了。他说不急，可以等；等天下雨、等天放晴，等杂草枯萎、微生物滋长、昆虫聚集……在数以千百计的昼夜间，只有自然之力寂然入土。他告诉我，他甚至不会去翻动土壤，因为那样做可能会伤害在表土层下蜿蜒着生活的蚯蚓。

他让我想起老古人的字典（如《尔雅》《方言》）里的一个字——“菑”；等同于“灾”，看来意思不是太好。实则这个字在没有那么激进的自然农法的时代，还真有一些贬义，所指称的就是“不耕之田”。还有一种说法：尚未开垦成熟的“一岁田”，被称为“菑”，乃至于“反草曰菑”，说的是刚开始耕作的田，犹属大片荒芜，远远望去，都是野草，要把这些野草压埋入土，使之腐朽，滋养禾稼，久而久之才能成为可耕之田。

我老觉得 Fudy 的英文名字真该直译成“福地”，不过，谁又会知道：“福地”这样一个吉祥美妙的语词却与荒地的概念结合成为一体。直言之：要让地力得以休养生息，就要让它荒上一阵子。荒了越多年，土壤自然而然得到的滋养越多，这时我们都会发现一个奇特的语意现象：荒（灾、菑）竟然就是福！

一个字，能有三个异体的确实不多，我所知道的一个是“粗”字，它可以写作“觕”“麄”以及“麤”，都不算错。它们都是在文字发展过程中由于不同造字原则和书写习惯广泛地为人所接受，而保留下来的。“灾（災）”字的异体字也不少，有“灾”“烖”和“菑”（后来也讹变成“菑”）。

甲骨文的灾字（）很简单，就是一个川，中间横陈一杠，横杠下方左右对称地打一勾，直观说来，就是发大水造成了水害，川中字符就是“在”字，既表声，又会意，人在河道之中被大水淹

着，能说不受灾吗？

可是到了小篆里（災），这个字另有一解，跟川、水都无关了。上面的川成了三曲之形，底下加上一个火，这个字另有一解：天火。人为了炊爨、取暖、照明而生火，这是“人火”；可是不知所从来、也不知所为何来的野火，也经常会烧毁屋舍、人畜、器物，这就是天火。此情何堪？一字以蔽之，曰灾。

但是前文说了：灾字有异体，其中之一是“菑”。此字跟火又没有关系了，说的仍然是川。解字者认为：三曲之川，中间加上一横就是河川壅塞之意，读音同是“灾”。为什么上面要戴着草头、下面要加上田亩呢？原来这个“菑”，是指那些不耕之田；荒草遍野，混充禾稼。不过人力无限，为了谋生致富，还是会胼手胝足、竭尽心力，开垦耕地。

“菑”同时还可以变形成“菑”，将整个字形减去了三曲之川中间的那一横杠，成了“菑”（读若“次”），也就是说，“菑”这个字形减去一划之后，借给了一个读音为“次”的字，而这个“菑”所表达的意思则与灾害无关，与反草耕种也无关，而是指那些“枯死而尚未倒地的树木”（台湾学界给的新名词是枯立木）。在表达“枯立木”的时候，“菑”不能读“灾”，要读“次”。要记得这么些复杂的变化，我觉得真是灾难！

灾难二字总给人痛苦的印象，不过有几个基于讽意而流传的语词，不免令人时而会心一笑——灾梓、灾纸、灾扇，乃至于“灾梨祸枣”。

这些语词都跟骚人墨客的翰墨风流有关。古人以木板印刷，版上雕字谓之“梓”，故交稿谓之“付梓”。印书费纸，毋须待言；而雕版复多以梨木、枣木为之，这两种木料，用来制作家具，都非凡品，以之雕版，则事后报废，就不能再加利用了。纵使不付印出版，文人为了散播文章，往往也会拿人家的扇子下手。可想而知，许多明明不值得流传的文字，毕竟还是被好名炫才而实无本领者雕了版、书了扇，这就是用一灾字耻笑他们的来历。人们有时问我："怎么好久不见你出新书了？"我总说："不忍灾梨祸枣。"他们大多满脸狐疑地笑笑，假装明白了我的意思。

较诸于灾，祸（禍）字一般多强调人为。其字根也是声符的"呙（咼）"（读作"快"字的一声），是一个不常见的姓氏，本义如字形所示，是指人患了歪嘴病。而常见的"祸水"一词本来是一个傻道士用来指控汉成帝的宠妾赵飞燕，而后千余年，则泛指连累男人受害的女子。基于男女平权思想的发达，这个词近年已经不大流通，大约在数十年内会彻底消失。

谁会带来灾祸？《书经》上说："天道福善而祸淫。"《左传》上说："祸福无门，唯人所召。"未必是真理，因为这毕竟小看了上帝。不过，灾祸感唤起人的戒慎恐惧，不算坏事。就像一块地荒着、废着，也不算无福。

字词辨正

忍事敌灾星

一、下列哪一个字跟“灾难”无关？

①灾 ②炎 ③栽 ④菑

二、下面哪两句的引文中，“菑”字述的是“枯死而尚未倒地的树木”？

①菑，始灾杀其草木也 ②周公之状，身如断菑 ③居干之道，菑栗不地，则弓不发 ④作之屏之，其菑其翳

三、“灾梨”是指：

①种植美丽的花卉 ②砍伐堪用的树木 ③采收不成熟的果实 ④刊刻不值得出版的书籍

四、以下哪一个词汇与其他具有讽刺意味者不同？

①灾梓 ②灾星 ③灾纸 ④灾扇

五、除了歉收的荒年、凶厄之年以外，“灾年”一词还有什么意思？

①闰年 ②兵祸之年③太岁当冲之年 ④气候异常之年

六、下列何者不是“灾田”一词的用意？

①不耕之田 ②初耕而未熟之田 ③耕作之地杂草丛生，芟夷并压入土中使之腐朽 ④砾石满野，不胜拾取，溉之而不润，只得半途而废

七、祸字的字根“呙”既是一个声符，也是一个义符，下列何义正确？

①斜眼 ②断鼻 ③歪嘴 ④跛脚

八、“祸水”的典故与哪一位知名的美女有关？

①西施 ②赵飞燕 ③貂蝉 ④王昭君 ⑤杨玉环

九、“祸鸟”通常是指：

①雀 ②鸦 ③鸮 ④鹰

十、下列哪一组语词和其他各组意义差距较远？

①祸魁、祸首 ②祸梯、祸阶 ③祸媒、祸隙 ④祸本、祸基

答案：②、②④、④、②、①、④、③、②、③、①

信

信不信由你

——一个表示信赖的字，会让人不敢相信其意义那样复杂。

我称父亲的表哥为表大爷，他有点儿瘸，有点儿喳呼，有点吝啬；但是这些都碍不着我和他有一种独特的亲近感。当我还只有三四岁的时候，跟着父亲和表大爷一道上北投泡温泉。没去不玥白，到了现地，才知道是一个洗石子构造的公共浴池，大约就是家里那小餐室的大小。虽然现场只有我们爷儿仨，但是我死活不肯脱下小内裤进池子，只愿意坐在池边踢蹬着泡脚。我父亲说："三岁看八十，以后会一天比一天拗、一年比一年拗。"表大爷懒懒地答了一声："信马由缰呗！"

"信马由缰"一向是表大爷的口头禅。不论撞上任何事，或许是他一时口拙，不能应对；或许是他三思无计，漫声敷衍。到头来，总不外一句："唉！信马由缰呗！"听久了，自然知道他的意思，就是："随便啦！""别问我啦！"诸如此类。

年纪稍长一些，我总喜欢加入长辈们餐桌上的各种议论。有一次，又听他在那里"信马由缰"了几声。固不能解，只能攀问："信马由缰"究竟是什么？不料这一问却引发了父亲和表大爷一晚上的激辩，父亲的意思是："信"即不理会、听凭而已。表大爷则认为："信"即不疑，也就是信任。父亲表示："听凭"未必然就是"信任"，"听凭"甚至也颇有无奈之意。表大爷更不同意，直扯着嗓子喊："你信不过那马，怎么会听凭它走呢？"

当时不大明了：这就是大人们喝多了、没事找事练嗓子斗元气的玩笑，而我却着实受了些惊吓，直觉不该挑起这样的冲突。直到许多年过去，忽一日，父亲对我说："表大爷回了济南，看似没有再回台湾的打算了。"

我有些惊讶，直觉则是再也不会见到这位老人家了。

"他也有儿有孙的。"父亲说，"信马由缰呗！"

信，究竟是随便、敷衍、不在乎呢？还是信任、托付、不怀疑呢？还是这两种心态之间，竟然可能有一种因果关系呢？换言之：只要是基于信任而有所托付，就什么都无所谓了。

司马迁在《史记·刺客列传》里叙述鲁国的谈判使者曹沫用匕首劫持齐桓公。在胁迫之下，口头约定了齐国返还侵占鲁国的土地，并且退兵。当曹沫弃掷匕首之后，齐桓公非常愤怒，想要悔约，管仲说："不可！夫贪小利以自快，弃信于诸侯，失天下之援。"

这一幕清楚地为《刺客列传》中所有的传主刻画出一个简单而明确的性格，就是"重然诺"。如果用后世越发复杂的德目标之，则一个“信”字便可以包举。

作为一个孤立的字，“信”并不只如遵守诺言，“明知其不可而为之”的豫让、专诸、聂政以及荆轲所显示的那样单纯。最简单的解释：人言为信。既然言为心声，凡人说话必须落实，才能邀人信任，这道理似乎一两句话就说透了，所以“信”字的本义，不外就是古书上常见的那个“诚”字。

这意味着老古人在书写工具并不发达的时代，相当重视且倚赖空口说白话。尽管话出如风，无影无踪，只要一方说了，双方就应该执以为凭。至于文书、函件、印玺，不过是余事而已。信，在发言的那一刻，便已于两造间同时成立。

所以“信”字早在上古《书经·汤誓》里就有“相信”“不疑”的意思：“尔无不信，朕不食言。”引申出来，才出现“果真”“确实”的形容词；同样，《书经·金縢》中记录“诸史及百执事”应答太公、召公和周成王的话说：“信！噫，公命，我勿敢言。”翻译成今天的白话文，就是：“的确呀！唉！这就是周公的命令，可是我们不敢说出去。”

大约是从春秋战国时代开始，信字又分化出“符契”“凭证”和完全相异的“任意”“听任”两种意思。

前者可见于反战而擅长作战的墨子之文。《墨子·号令》有云：“大将使人行，守操信符。”据说是一种由木、竹或金属制成的牌板，板上刻了文书之后，当央一剖，分为两半；一半留置于朝廷，一半操持于将帅，日后朝廷若有发动军队的必要，便出具朝中所具有的半边，与将帅手中的相互对照，以契合为验。这就表示：至少在春秋时代，人们行使重大的公共权力，已经不大信任一般性的语言承诺了。

后者——也就是表达“任意”“听任”的信字——可能出现得更早，在《荀子·哀公》里记录孔子对鲁哀公说：“故明主任计不信怒；暗主信怒不任计。”可是，我们实在无法从孔子当时的文献（如《论语》）中找到任何一处“信”字可表达“任意”“听任”的用法，可见荀子极有可能是把他自己想说的话塞进孔子嘴里了。

中古以后，信字更是变化多端。由于佛教的传入，以信字相冠的语词，多有宗教含意。如信衣、信鼓，皆属信具。其他宗教尽管有人信，然而很多法器加上了信字，看来唯佛独用。不过，有一个词例外：“信杖”。“锡杖”“禅杖”归于佛门无误，但是“信杖”却是“信仗”的异写，这词回归了“信任依靠”的意思。

信字从上古时期就有另读别义，只是不大通行。相传周天子以玉作“六瑞”：“王执镇圭，公执桓圭，侯执信圭，伯执躬圭，子执谷璧，男执蒲璧。”这是表示爵位等第。其中第三等爵名为“侯”（次于王、公），侯之所执，名为“信圭”。此处的信，必须读作“身”，取义也是“身”，和第四等伯爵所执的“躬圭”意思一样，象以人形，欲其慎行保身。从这个读音再引申，信字更有了原本全然无涉的意思——“伸张”；也就是说：由身体之“身”，而进据了伸张之“伸”，应该就是同音字的假借现象。

事实上，信字难守，歧义纷纭。依据不同的上下文，它还表示“使者”“知道”“深切”“军旅外宿两夜（以上）”，甚至带些语气的“如果是真的”，也常出现在诗中，如《中州集》载杨云翼诗：“金波曾醉雁门州，信有人间五月秋。万古河山雄朔部，四时风月入南楼。”此处的“信有”，如果要准确地解释，应该含有“怎么能柜信呢？”“实在令人难以置信的是……”这样的意思。

同样是“信风”两个字，既可以说成是按季节而定向吹过的风，也可以说成是任由风吹去的情状。一旦听见人说“信风而去”，则表示无论东西南北什么风，都能造成的飘零之态。信，难道真是那么随便吗？

信不信由你，语言总会展现信口开河的本质。

字词辨正

随便信，信随便

一、金代诗人杨云翼的诗句：“信有人间五月秋”的“信”字解作：

①消息说 ②信上写 ③如果是 ④随便想

二、“司空郑冲驰遣信，就阮籍求文。”这段文字里的“信”是指：

①书函 ②消息 ③使者 ④印鉴

三、“信士”不包括下列哪一个意思？

①诚实可信的人 ②负责邮传的差员 ③出钱布施的义人 ④信奉佛教的俗家男子

四、以下哪一个“信”字读音与他者不同？

①信圭 ②信石 ③信衣 ④信矢

五、《三国志·诸葛亮传》有：“孤不度德量力，欲信大义于天下，而智术浅短，遂用猖獗，至于今日。”这一段话里的“信”作何解？

①相信 ②倚赖 ③吹嘘 ④伸张

六、“信口开河”的“信”字，与下列哪一个信字不同义？

①信步而行 ②信及豚鱼 ③信手拈来 ④信马由缰

七、杜甫《兵车行》：“信知生男恶，反是生女好。”“信”字表示：

①深切 ②不疑 ③主张 ④猜测

八、下列四词，何者与佛教法器无关？

①信衣 ②信鼓 ③信具 ④信杖

九、下列哪一诗句中的“信”字表示“知道”？

①须信艳阳天，看未足，已觉莺花谢 ②驱去驱来长信风，暂托栋梁何用喜 ③信宿渔人还泛泛，清秋燕子故飞飞 ④怨怀无托，嗟情人断绝，信音辽邈

十、“信星”又名“镇星”，就是：

①金星 ②水星 ③木星 ④土星

答案：③、③、②、①、④、②、①、④、①、④

慈悲

慈悲的滋味

——有的字义充满希望与关心，有的则充满凄怆……

小时候最不能理解的一件事，就是我有两个表姊，以及一个一个跟着来的表妹。有一阵子，我一直以为“表妹”就是不断增加的人口的代名词。表妹之增生，与表弟之阙如，其实是一体的两面。我舅舅盼儿子，一发不可收拾，就再来一发；我父亲说这是再接再厉。

在我四岁那年，舅妈果然生出了儿子，但是没保住，未足岁便夭折了。之后不上一年，又生了一个女儿，取名“葳蕤”，有草木蓊郁而繁茂之意。我父亲说这名字从古诗里借来，起得有学问，但是这两个字之于我，则始终有“小男孩”的印象，那是因为舅舅、舅妈把这个女儿当儿子打扮将养。

经常抱着葳蕤，逗着她、哄着她、喂着她的，却是我的大表姊小慈——我直到上了好几年小学之后才知道，小慈的本名是“孝慈”。孝慈表姊生来一张圆盘脸、大眼睛，逢人就笑，打从她自己还是个孩子的时候就开始帮衬着舅妈带孩子。我总记得舅舅一家子每逢大年初一来家团聚，都是孝慈为每一个孩子碗里分配肴馔。按着个人年纪，一一布菜，我排在小萍表姊后头，特别留心她的处分是否公平，她从来没有失手过。

拖着一大家眷口，舅舅在法院担任书记官的薪水是很吃紧的，有些时候，舅妈背着舅舅来家里借钱，总不免长吁短叹，说是寻思着让孝慈初中念罢就不要升学了，去考个车掌小姐来贴补家用。

关于这个人生处境与选择的重大决定，母亲不敢出主意，父亲则以为不能继续读书就是可惜，我则一径幻想着哪一天能搭上孝慈表姊吹铜笛指挥上下客的公共汽车。说来是幻想，可是由于这一幕情景经常在脑海中浮现，竟然历历如置目前。我甚至还有断片也似的影像记忆，是孝慈搀着个老太太上车，关上车门之后，她绽开一张笑脸，请托一个乘客把位子让出来，之后，回头对我说：“你乖。”

多年以后，我和舅舅、舅妈以及所有的表姊、表妹都断了日常的联系，始终没有机会问问孝慈：我搭过你吹铜笛的公共汽车吗？甚至：你在公共汽车上吹过铜笛吗？

不过，我始终记得一件事：我已经年近不惑、而父亲也卧病多时的某一个冬天，舅舅摔断了腿。也许是伤病的诱发，也许是衰老的惯念，或者还是大半生诸般怀抱志趣之不得伸展的缘故，脾气暴烈不得收束，时时与家人为难。母亲前去探视了几趟，总在回家之后跟我说：“多亏了小慈，真多亏了小慈。”

我看一眼病榻上的父亲，想起他几十年前就说过的："葳蕤的确是个好名字，不过，还是孝慈有意思。孝、慈本是一回事——能孝必慈，能慈必孝。"

兹（茲）这个字去了草头（艹），成为两个并置的幺，也还就是兹，甲骨文（）、金文（）都写成这样，是"丝"的省笔字，读音与丝也相当接近，取义于"草木多益"，也就是草木繁多的意思。又因为丝是很细的东西，经常要聚合许多，以成就作用，于是"兹"也就产生了"丛聚"的意思。武王伐纣之后，要修复宫室，兄弟重臣各有职司，其中卫康叔姬封负责铺张蓐席，《史记·周本纪》记载的字句就是"卫康叔封布兹"——布，铺设；兹，编织绵密的席子。

兹的字根（并置的两个幺）很好用，小、细、密、多……不一而足，甚至还有形容词的繁盛、增加之义，也表示名词的"口上之须"（"琅玕龙兹"：像玉一样的龙须），以及代名词的"此"和连接词的"如此""致使如此"等众多意思，到底何时用本义？何时用假借义？实在不胜负荷，于是不得不使出"本字另加形符以明本义"的故技，于是"滋"就诞生了，滋生、滋长、滋补都有了水的润泽。明白了这个"兹"的广泛含意，在它底下加个心，成为"慈"，应该是汉字之中少数完全没有负面意义的好字。

"慈"字的发生很晚，在甲骨文、金文里都不见有，本义就是爱。这种情感有一定的指向和范畴，是指长上（年龄、辈分、社会地位、政治阶级）全心全意爱护幼小。这般用心，以"兹"为声符，也另有会意的成分；试想：兹者，草木丛茂，不正是因为长上之辈养育扶持得法所致吗？

《礼记·大学》上说："为人父，止于慈。"《大智度论》上说："大慈，与一切众生乐。"到梁简文帝《唱导文》都说："覆载苍生，慈育黎首。"可见慈的发生总有一种较高位阶的主体，有如父母、有如佛祖、有如天地。大概只有在"昧爽而朝，慈以旨甘……日入而夕，慈以旨甘"这一处用语，说的是孝子以敬爱之心侍奉父母饮食，恐怕还是从父母身上直接反射情感的用法。

悲字人人懂得，谁没那么点儿悲摧的经验呢？可是"慈悲"二字连用，无疑是佛教大兴以后了。原本"悲"字很直接，上面的"非"就是一个人哀伤时挤眉弄眼的象形，作为声符的"非"正解是"相背"，人的意愿与现实相背，岂不悲哉？《大智度论》是把悲和慈看成一体的两面，既然慈是"与乐"，悲便是"拔苦"——在这一连用之下，悲不再是个人的感伤情绪，而有了对众生天地立宏愿的磅礴格局。

从比较细腻的语感去体会，悲不独展现情绪，还是一种同情心、同理心的作用。感叹人容易受到习俗的影响而不克自拔，常说"悲丝""悲染丝""悲素丝"。临死前大叹"高鸟尽、良弓藏"的韩信留下了"悲良弓"的醒觉；临刑前对儿子感慨再也不能牵狗出城打猎的李斯留下了"悲东门"的典故；失宠于汉成帝的班婕妤在《怨歌行》里也留下了"悲纨扇"的感伤，这些都还有亲身遭遇的大痛苦。

但是，有些悲，并不是肉体或现实的折磨，而是抽象思维带来的枨触。像杨朱，邻人走失了羊，歧路难觅，他老人家却悲伤起来，问他怎么也不说；不说是个更深刻的玄机，我们只能臆测：眼见歧路之中复有歧路，究竟如何走、如何追寻，才落得跟脚，恐怕是所有思想家的疑惑吧？这千古难解之惑，所唤起之悲，又岂是一人一身、一生一世、一死一别而已呢？

到了三国时代，阮籍也有异乎寻常的悲。他经常独自驾车出游，虽说纵意奔驰，却总有“行不得也”之处；每当来到道路的尽头，他就大哭而回，这便是“悲路穷”了。阮籍不是疯人，他的悲，恐怕比所有的凡人都透彻，他每一趟出门，都体会到作为一个人的限制。那是命运带给生命的终极困境，没有谁能够逃脱。

字词辨正

细数心头慈与悲

一、下列哪一个“兹”字语意与他者不同？

①念兹在兹，释兹在兹 ②文王既没，文不在兹乎 ③寒暑有代谢，人道每如兹 ④卫康叔封布兹

二、下列哪一个“兹”字与“慈”同音？

①龙兹 ②龟兹 ③休兹 ④今兹

三、“慈壸（同‘阃’）”是对哪一种身份的人的敬称？

①皇帝 ②皇后 ③太上皇 ④太后

四、“慈姑”除了指茨菰（一种药用植物之外），还是指哪一位亲戚？

①嫂子 ②舅妈 ③夫母 ④长姊

五、“慈恩题记”与哪一桩喜事有关？

①金榜题名 ②亲人团圆 ③洞房花烛 ④父母寿诞

六、下列哪一句话里的“慈”，不是长上对幼小的爱心？

①慈以甘旨 ②大慈，与一切众生乐 ③为人父，止于慈 ④覆载苍生，慈育黎首

七、感叹人容易受到习俗的影响而不克自拔，宜用哪一个词？

①悲丝 ②悲染丝 ③悲素丝 ④以上皆是

八、“悲田”是说：

①土壤贫瘠，不堪耕耘 ②赋税沉重，入不敷出 ③施济穷困，种福得福 ④求田问舍，一无所获

九、以下哪一个语词的故事跟李斯有关？

①悲良弓 ②悲东门 ③悲纨扇 ④悲烹狗 ⑤悲路歧 ⑥悲路穷

十、以下哪一个语词的故事跟战国时代的思想家杨朱有关？

①悲良弓 ②悲东门 ③悲纨扇 ④悲烹狗 ⑤悲路歧⑥悲路穷

答案：④、②、④、③、①、①、④、③、②、⑤

母

母，除了伟大，还有很多

——母亲孕育生命，但是作为字的“母”，却充满了误会。

我只见过士乾三四面，且集中在一个月之中。那是一九八八年春天，我回济南祖家探亲期间。方此之前，我从来没想到我会和一个比我大三十岁的晚辈交上朋友，这交情，在现实中淡薄，在回忆中绵长。

论辈分，士乾是我的侄儿，一见面就跪下磕了个头，说：“给叔叔见礼了。”我慌忙起身，却被一旁辈分比我高的姑姑按住，说：“应该的。”往后每一回在堂屋里见，他都没有座位。可老人一旦围坐谈心，第一件事就把士乾叫来。

因为“他什么事都记得”。二三十年前的事，四五十年前的事，国事家事大事小事，经历过的听说来的，士乾脑子里都有一份原本，老人们对于某人某地某时某事甚或是某样物件起了争执，就问士乾，士乾老老实实站在门边，不问没话，有问必答。听的时候双手环胸、一脚踩在门槛上，说什么都一口咬定、干净利索。

有一回说起我的曾祖母——也就是士乾的高祖母；于我的两位大爷和两位姑姑，那就是他们的奶奶了，在座四位辈分最长的老人家也只能约莫说出他们这位奶奶是同治年间生人，其余的，只有问士乾。他知道四代以前老家估衣铺开张的准日子，知道后院石板底下流出大门墙外的一道泉沟在风水上的意义，甚至说得出光绪年间一张估衣清单上几套衣服的质料、款式、颜色、花样的记载。我忍不住问他："你怎么知道得那么清楚？"

"俺高祖王母亲口说的。"士乾道；而那应该是五六十年前的事了。

士乾坚持称"高祖母"为"高祖王母"，就像他说起自己的奶奶，就一定得说"王母"——那是我第一次听到这个词汇。回头问我姑姑，姑姑说："他爱怎么叫怎么叫罢！"问士乾为什么如此称谓，他也只说："应该的。"

之后二十多年，我无数次往返海峡两岸，却总是没有机会再回一趟济南，每于旅次之间，想起不多谋面的亲戚，必定会想起一脚踏在门槛上的士乾。而也是再一次旅行归来，忽然接到堂哥的来电，告诉我士乾过世的消息。

"士乾是在家里老了的，"堂哥说，"他还特别嘱咐说：没能再见你一面，很可惜。"

"老"，济南人说话，就是死的讳称。一个什么都记得的人，就要让人不再记得了。我想起他说的"王母"，一个多年来我居然没有顺手查考的语词。

大部分的字典会把“母”字归于“毋”这个部首，也有的古文字学者把“母”“毋”说成一个字，这是不对的。实则字形相近、容易混淆的，还不只这两个字，还有一个把“田”字中间的“十”分别朝左右和下方捅出去一点的“毌”，它和“毋”的区别是中间那一竖要写得很直，不要向左撇，这个字读作“惯”，也就是“贯”、“惯”和“掼”等字的声符。“毋”是无、莫要、禁止的意思，而“毌”却是贯穿、串过的意思。可惜今天大部分的电脑识别把这两个字给统一了，人们也就不区别了。

再回到妈妈身边来说：“母”，和“毋”“毌”完全不是一回事。在甲骨文里，它是从“女”字增形而来的。这女人跪着，可以很清楚地看到：这跪姿女人的双手是被捆缚在腰腹之前，据说这显示女子地位的低落。而母（），就是把这女子的双乳左一点、右一点地标示出来，如此，母亲的地位、职责便很形象化了：她就是个哺乳的工具。

母亲的地位在人类社会里崇高起来，是源于文明的进化。中国老古人逐渐将家庭、亲族体制和国家政府的结构投射一致。母亲和父亲的地位合乎一定比例地上升，“母”字就带有一种原初、源起、根本、来历的语意。

相关的词组就是从此类譬喻衍申而成，母舌，就是自家民族的语言；母钱，就是用来增加财富的资本。甚至凡是形容所从出者，都可以用母字：汉字起头的辅音，就叫声母；引起发酵作用的真菌，就叫酵母；一国之根本大法固然通名之为宪法，说起宪法的位阶，都会说它是一切普通法律之“母法”。

在亲族关系上，祖母又称“王母”；原来不是什么方言或土俗的称谓，其渊源甚至可以上溯于《礼记·曲礼》。王父，即祖父；王母，即祖母。曾祖母，又称曾祖王母；高祖母，也叫高祖王母。以此推之，神话里的“王母娘娘”并不姓王，而是昵呼为“祖母娘娘”以显示其亲近、慈祥罢了。由是观之，不只人人可以为王，姑姨伯叔舅家，但凡为长辈之妻者，都可以称母了。供乳的娘子即使是外聘而来，没有血缘关系，也称乳母、食母，恩谊等同生身。

大家庭里人口众多，有时容易混淆，比方说“母母”，可不是指母亲的母亲，要是这么呼唤，“王母”是会生气的。“母母”是丈夫的嫂子，也就是伯母，也只有身为弟妹的人可以这么称谓。至于师母，是老师的妻子——绝不可以称师奶；母师最简单，就是女老师，但是也有“作为母亲的典范”这样的用法。

在思想家那里，“食母”一词是饶富意趣的象征。《老子》上说的“食母”，是“守道、用道”：“我独异于人，而贵食母。”这是因为老子本人把“母”字解释成“生之本”，那就是他主张的“道”了。

在植物里，“贝母”能够止咳化痰，“益母”可以养血化瘀，“知母”助人清热去火，都是入药的植物。不入药的，还有“芋母”，也就是“芋艿”。此物叶片有如绿色的盾，柄肥大而长，古名“蹲鸱”；一只只蹲着的鸱鹰，其大可知。所以“母”字，也有粗大的含意了。弦乐器上最粗的弦，谓之“母弦”，巨大的笋也称“母笋”。

母字当头，底下牵引着动植物的字不胜枚举，但是母猴则不只表示雌性的猴，这个语词和“沐猴”“猕猴”“马猴”都一样，指的是一种猴子，从这些名称的发音可知，都是声母为“m”的字，或许是诸地方言有别所导致的结果。

在一般生活里，我们比较不太注意也不太使用的“母”字也不少。《礼记·内则》上就记录了一种食物，做法将煎肉酱涂在小米或黄米饼上，再均匀地抹过一层膏油，可能跟今天麻酱烧饼的制法相当接近。这种食物叫做“淳母”——此处的“母”字就要读作二声，而字义是模子，日后再由这个意思引申为“标准”，本此而产生了一个词，叫“母儿”；决计不是指母亲和儿子。

我们都知道：生日是母亲受难的日子，故诞生亦呼母难。不过，还有一个很容易被误会、也犯忌讳的词：“母忧”。可不是母亲忧愁了，它同“母艰”一样，是指母亲过世了。

母字最亲，可是仔细盘诘考据，好像也有很陌生的地方。我们忍不住自问：我了解妈妈吗？也别说妈妈了，我现在每想起“母”这个字，就会觉得我实在应该好好认识的老侄儿士乾，都由于自己浑不在意的轻忽而被糊涂错过了呢。

字词辨正

认一认这个妈

一、下列叙述何者正确？

①爬行类鼋鳄之厚甲者曰“母”②鸟类鸬鸠之占巢者曰“母”③兽类狐鼠之穴居者曰“母”④虫类蜘蛛之长脚者曰“母”

二、除了神话里“西王母”“王母娘娘”这个角色之外，“王母”二字本有的意思是：

①皇后 ②太后 ③祖母 ④高祖母

三、下列哪一个词不是药材？

①芋母 ②贝母 ③益母 ④知母

四、这里有一个“母”的意思跟其他的不一样，是哪一个呢？

①母舌 ②母钱 ③声母 ④食母

五、“母母”是个亲族称谓，指的是：

①妻弟之妻 ②夫兄之妻 ③丈母之母 ④曾祖母

六、除了指“雌性的猴”之外，“母猴”还是猴之一种，其别名不包括下列何者？

①沐猴 ②猕猴 ③叶猴 ④马猴

七、“母儿”的“母”如果读作二声，那么这个词的意思是：

①慈爱、养育 ②标准、模子 ③根本、方向 ④对象、关心

八、一词二义的例子很多，“母师”就是如此，意指下列哪两者？

①作为母亲的典范 ②身为母亲的老师 ③老师的妻子 ④女老师

九、“母笋”是形体比较大的笋，那么“母弦”呢？

①比较细的弦 ②作为音准的弦 ③比较粗的弦 ④安置琴弦的枕木

十、“母忧”与下列哪一个词同义？

①母艰 ②母难 ③母爱 ④母服

答案：④、③、①、④、②、③、②、①④、③、①

牙齿

咬牙切齿说分明

——牙、齿都是人身上的小零件，但是字词意义，却常用在身外。

我的父亲还见识过大家族，同氏别房里的亲戚就不说了，单说我祖父祖母，就生养了七个儿子、两个女儿。父亲是济南西关制锦市街懋德堂老张家各堂里唯一来到台湾落地生根之人，有了我这个独生子；我再成家、养儿育女，就再也不能体验百年前那几厢几进的大宅院里熙来攘往的情景。

三十年前初回祖家的时候，我还见过五大爷、六大爷以及两位姑。六大爷从堂屋里迈腿跨步奔出门，一见我面，便咧开大嘴笑，一面拉起我的手，急忙问道：“你爹都怎么跟你说老家的？”

没提防有此一问，只好将就着眼前即景，我用济南话应声答道：“说俺家里人的牙口都好得不得了！”

六大爷笑得更欢了，答了两个字：“那是。”

我的答复显然大出长辈的预料，然而他们还是高兴，每一个人都要用自己的方式带我认识一遍祖家周遭的地理、房舍的分布、人口的构成，甚至大小家具、陈设的来历和变貌——以及所有权；也就借着这些，人人自有一个版本的祖家故事。

父母与祖家两地悬隔、千里暌违，那是四十年以上的疏离感伤与亲近渴望交织起来的陈述，有些家事繁琐到难以拼补衔接，说的人却不能不倾吐一遍、又一遍、再一遍。似乎只有在那样唠叨、夹缠的诉说之中，个人的孤寂、痛苦才能够得到释放。

我，只不过是当时还没有来得及回乡的父亲、母亲的替代物，父亲的兄长、嫂嫂、妹妹、妹夫……们也都不在意我是不是边听边打瞌睡，径顾着一个劲儿地说下去。而我，但凡是清醒的时候，总会不时地感受到：父亲打从我很小的时候就说过的话，那一句："口口相传不知道多少代了，俺家里人的牙口都好得不得了！"这些在几边灯前滔滔不绝的亲长们，怎么都长着这么好的一副白牙？还真像是专为说故事咬字而生的一般。

一九八八年之后，我虽然有不少机会在两岸通勤奔走，一晃眼二十九年过去，我竟然连一回祖家都没有再去走动过。其间老宅拆毁、新屋落成、亲友星散离居，再过些年，五大爷、六大爷、大姑姑也相继去世，我这一辈的哥哥、姊姊们也老态毕露，近三十年别后重逢时苍苍其发、佝偻其身，与我初老的容颜相映，看着都像是我的老辈了——唯独他们的那一口白牙，我没得比。

二姑今年九十岁，已经呈现了相当明显的痴呆之态，时时神游于过去九十年的某一个特定的时空节点上，而大部分的时候，她的现实与身边所有人所共感共知的现实全然不同。更令我惊奇的，则是她居然戴着一整口的假牙。我问她："什么时候戴起假牙来的？"

她则反问我："你不是说俺家里人的牙口都好得不得了吗？"

她还记得！三十年前初返祖家的那一刹那，我和六大爷一来一往的对话，二姑居然还记得？就在我的眼泪几乎要迸出眶子来的时候，她又补了一句："是大春回来跟六哥说的，说是你告诉他的，说俺家里人的牙口都好得不得了，呵呵呵呵！"

原来二姑眼里的我却又不是我，而是我父亲了。

"姑，那我是谁呢？"我龇起一口不怎么张家的牙，想借着逗她来掩饰自己的泪眼。

二姑仍旧笑着，看来一点儿也不糊涂地说："你是谁你不知道？那就赶快照照镜子去！"

我是谁我知道吗？我后来知道的是：原来把一口牙齿彻底保养好的人就只有我父亲，祖家里上下三代，没有几个不靠假牙过日子的。他那句"俺家里人的牙口都好得不得了"根本是信口胡说，用意大约就是鼓励我也要像他那样好好保养牙齿。

写一个英文字"J"，看它像个钓鱼钩不？这是一个独立的中文字符，读作"蹶"，意思就是各种形式的倒钩。在楷书所讲究的永字八法之中，直直向下的一笔谓之"努"，"努"字走到了底端向左勾回，就是这个钩，也被称为"趯"。这是再简单不过的初文，堪称汉字的基础，于是也成为一个部首，统领着一些常用之字，像是：了、小、才、予、求、事等等。牙，也在其间。

最早出现"牙"字的是金文，想象镜子里出现的英文字母"F"，上下各一、彼此咬合，就是牙的象形了（）。如同大部分的汉字，初文固有其本义，也随即有了丰富的引申义。比方说：特指象牙材质所制作的器物，就有了牙印、牙板、牙笏、牙梳、牙笙、牙箸，还有牙签——这东西原先可不是剔牙的小工具，所指乃是系在书本上便于翻检的牙骨制书签，以及公务人员到远地出差申报旅程的凭证。

除了象牙制器具，牙也可以代表军队扎营（牙帐、牙旗）或行政官署所在，今天我们称公务机关的贬义词为“衙门”，原本就写作牙。值得留意的是，古代汉语里的牙和今天牙医所称的牙，位置很不一样。前者所指，是臼齿以后的大牙，而“齿”则是指当唇前列的牙。所以牙之作为形容词，还有偏、次、后列的意思。比方说“牙将”，说的就是部队里的中下级军官。

此外，牙也可以当作量词使用，于今很少见了。《水浒传》第五十七回介绍双枪将徐宁出场，说他“果是一表好人物，六尺五六长身体，团团的一个白脸，三牙细黑髭髯，十分腰细膀阔”。此处的“牙”，等同于“绺”——柔软纤细的一把。

在指称社会、经济活动上，牙有仲介的用意。这是由于古人约期易物有一个名目，叫“互市”，因为“互”字写来和“牙”字相似，所以讹字自冒，转写成牙，市集交易的经纪人自唐、宋起便称为牙人、牙侩、牙郎或牙保。以仲介生意为业的商行就是“牙行”，营业许可谓之“牙帖”，营利所得税称为“牙税”，佣金则是“牙钱”。《儒林外史》第十八回提到一个小细节：“平常每日就是小菜饭，初二、十六跟着店里吃牙祭肉。”意思就是说：跟着师傅、掌柜就食学艺的学徒和伙计们平常沾不到荤腥，一旦有肉食，就算是牙的盛典了。

齿（齒）字可见于甲骨文（），字形就是一张打开的方口，露出上下四颗门牙。到了金文（）和小篆（）里面，这张嘴（口）的上缘变成了“止”字的底座，原因极可能是为了让这个字有一个明确而方便辨认的注音——止；就是这个新生的齿字的注音。

相较于牙，齿字的引申面向更为广泛。一则以说年岁，用齿字，还造就了“年齿”一词。二则以说排列，也用齿，东晋谢安脚下的木屐高跟，就叫“屐齿”。同一类的东西经常被归纳在一处，像是排列成行伍，谓之“齿类”。

“齿位”原本是以年齿定座席，也有排列官位的意思；不过，要是活得久又身居高位，也会被奉承作“齿位”。经由录列其位、以示尊重的习惯来看，反其道而言之：不录列其位，也就是“不齿”，不值得称道、不值得论列，甚至不值得提起，这就很难看了。今天的人常常误书成：“对于某人的行径，我很不耻！”这么简单的一个字用错了，应该说有点可耻。

由年纪而发展出来的字，最常见的就是“龄”，所指不外年纪。无论是妙龄、高龄、遐龄，老少咸宜。“龆龄”和“髫龄”也相通。髫字的本源就是龆，大约是指小孩子八岁左右换牙齿的阶段。

至于由排列顺序而发展出来的字，最常见的是一个“出（齣）”字。元、明戏剧的一回，或者是歌曲、弹词的一个段落，由于必须上下密合、结构联络，犹如齿牙互相咬合无间，于是便用了这样一个字，后来就转变成一切戏剧的量词了。

牙齿排列得不好，咬合不正，是很令人烦恼的事，应用在人事上，也有得说——龃龉——原意是说上下牙或凹凸歪斜，或一前一后、两不亲合。引申来说，就是吵架、争执、冲突了。台湾人这几十年来最熟悉也最痛切的公共意识，应该就是龃龉这两个字了吧？

字词辨正

牙牙学语说牙牙

一、永字八法里面的哪一法指的是倒钩？

①策 ②勒 ③努 ④趯

二、下列哪一个词语的构成原则与他者不同？

①牙帐 ②牙板 ③牙笏 ④牙签

三、“牙人”，就是仲介之人，与下列哪一个名称意思一样？

①牙吏 ②牙将 ③牙郎 ④牙官

四、说一个人有“三牙髭髯”的意思是指他有：

①三绺细软的须 ②满脸络腮胡子 ③唇上颌下三撇山羊胡子 ④净白面皮没有胡须

五、“牙婆”是：

①妓院的鸨母 ②介绍人口买卖的妇女 ③为人算命的女灵媒 ④媒婆

六、旧时店东、雇主与员工约期每月少数提供肉食的日子谓之：

①牙祭 ②牙侩 ③牙肉 ④牙节

七、“齿位”是指：

①年轻而身居高位 ②年老而身居高位 ③年老而官爵低下 ④年轻而身在下僚

八、“齿坐”是按照以下何者定座次？

①身体强弱 ②地位高低 ③功名先后 ④年纪大小

九、“不齿”不包含下列哪一个意思？

①觉得鄙夷 ②不予论列 ③觉得羞耻 ④不值称道

十、“龃龉”一词原本的意思是：

①牙根疼痛 ②咬合不正 ③年迈齿落 ④互相撕咬

答案：④、①、③、①、②、①、②、④、③、②

食

食之为德也，美矣

——所以，我们的文字里有那么多和吃喝有关的字，充满感情。

论起传家字辈，我老大哥的名字叫张世芳。但是他在外头闯江湖、干勾当，用的是另外一个名字，叫张翰卿。他说用这名字混的时候特别“顺当”。老大哥曾经被我写进小说里，人皆以为荒唐之言，实则有些依据他的经验所刻画出来的人生景观，还颇为写实。

老大哥与民国同庚，比我父亲还大九岁，斗大的字不认识一升，却是全济南最早一个能开大卡车的专业司机。差遣小黄鸟儿叼纸签给人算命的瞎老头儿说他命中有“一车俩驴”的老婆——独轮小车架板子，一边坐一个；俩驴背上各一个，加起来这就是四个了。老婆多，子孙满堂应该错不了。可是瞎老头儿在这件事上怎么也不肯多说，只道：“养儿即是养福。”

老大哥大约是觉得“一车俩驴”还算不得什么场面，又或许是刻意要显显他的行当，说 ：“我开卡车，车上装得可多了。”

瞎老头儿却说 ：“供吃积德，供走作业。您老亩量着吧。”“作（读一声）业”，就是“造孽”；“亩量”，就是盘算、估计。都是济南土语，意思就是说 ：作为一份职业，供人吃饭是积德造福的事 ；可是助人离开家乡到远方去，却可能有损阴骘。

我老大哥当时已经娶了一房妻子，不料，算过那一回命之后不多时，就一病死了。老大哥再娶得急，没有仔细验看，等新媳妇过了门才发现 ：是个精神有问题的姑娘，成天登高上房，站在屋脊上呼喊歌唱，夫妻俩连一觉都没睡上，那姑娘便从屋顶上翻身落地，一跤跌死了。

抗战期间，祖辈的老人家齐赴乡间避难，年轻的一代则跑得更远。老大哥仗着开卡车的一技之长，帮助昔年老漕帮里的几个大人物运送了不少沉重又值钱的家私，因而获荐入伍，有了不该有的中阶官职。胜利之后不多久，便在南京讨了第三房妻室。这一房，也在两年之后难产死了。

人生走到这一步上，已经逼近四十，非但两袖清风，亦且无家无业。他忽然信起瞎老头的话来 ：原来当初对于“一车俩驴”的想象全拧了，齐人是祸不是福，到头来晚景凄凉，恐怕还是得怪自己阴功积得不够深。

一九四八年以后，他改行当了厨子，凭味觉，还原了昔年老家里当公子哥的时候所吃过的大菜小食。一年以后再趁乱逃到台湾，凭着一把菜刀、一支锅铲，走闯于基隆、台中之间。几年后，又因缘际会地替导演李行的剧组当厨师，尔后成了李导演专用的道具师傅。

大约在一九六一年前后，他娶了第四个老婆。成婚时两个人都已半百，老新娘是台湾人，原先有过婚姻，丈夫死了，子女也养大了。老大哥当了现成的爷爷。连我也成了叔公——那年我只有四岁，叫五岁。

老大哥的儿、媳、子、孙都是现成的，日后好像都夤缘进入了电影这一行，开枝散叶。我后来问他：经历过许多江湖风浪，哪一段最得意？答案令我惊讶：既不是开卡车走南闯北，也不是混香堂扑刀赶棒，甚至不是和大明星接踵比肩，朝夕相处。他最得意的居然是："一个人刀尺（张罗、操持），两百个人不会饿饭！"

几乎可以说是老大哥人生的总结了：供吃积德。直到临老了，他还念念不忘。

一日三食，吃是多么平常的事？可是孔老夫子早就说过："人莫不饮食也，鲜能知味也。"即使经济再不景气，到处也都还开着餐厅；但是关于饮馔的品味，细数平常国人所使用的词汇，大概也零落到"好吃""难吃"甚至"不错吃"而已了。

"吃"这个字，甲骨文、金文不见，原本是指说话不能顺畅，读音如"及"。笔画较为繁复的"喫"字，大约也和"吃"一样，都是小篆出现以后才造就的（）。"吃"的声符"乞"，为口中出气纡曲的形貌，而"喫"的声符"契"，就有牙唇咬合的含意，而更接近吃东西这件事了。

俗用趋简，以吃代喫，无论这个字当作食用解（吃饭）、当作受字解（吃苦）、当作吸字解（吃烟），甚至当作发音偃蹇不流利解（口吃），皆可通用，唯独在形容笑声的时候，吃字还是读若

“及”——“笑声吃吃不止”，却不能写成“喫”字。

至于“食”，意义夥矣，让人觉得它不只是一个字，而是一个语族了。这个字在甲骨文（）和金文（）里，上方都是一个三角形，为古“集”字，底下的“皀”，读作“香”，指谷米的馨香之味——字形拆解开来，也可以当作立上支架、烹煮食物的锅鼎。

所以这个字，既是粮食，也是吃；既是居官所得的俸禄，也指生计；春秋四时的祭祀，可以谓之“时食”；周公营东都时，占卜所得地为吉兆，又名之为“洛食”，所以“食”竟然也有吉兆的意思；日月亏昃之象，也借用“食”字状述。

有些文字学家还坚持：“日食”“月食”不能写作“日蚀”“月蚀”。古书里记载“食邑”“食土”，更有收取租税的专义，不能误会成吃喝。至于一般人事上所说的受纳、消除、亏损、哺乳、喂养乃至于装饰，都可以用一个“食”字打发。你不免要狐疑了……装饰？是的，装饰。《周礼 · 天官》上说：“王齐则共食玉。”齐，就是斋戒，“食玉”则是用玉来装饰盛食物的器具。

今天常用字里，看似与“食”无关，可是也离不开这意思的，还有一个“乡（鄉）”。在古文字里，此字（）中间的形符，与前文中所说之食的字形几乎一模一样，左右是两个相对跪坐着的人，看来是准备开饭了。

古代“卿”“乡（鄉）”“飨（饗）”所用的都是这一个字形，取宾主相对就食之景。可见大至庙堂政务，中曰乡党聚会，小则家人生活，都离不开吃，一起吃。有趣的是，乡字不只是人所从来之地，与人共食的气氛，竟然让这个字成为国人自营的乐土胜境；梦乡、醉乡、温柔乡、黑甜乡、安乐乡，皆是乡。就食之地，居然即归宿也。

吃之成为一桩天大之事，单就所调度的动词就可以知道：啖、啗、噉、哺、餔、茹、餐、飼、饴、饷、馂、餟……就连喝，也用食部造字。饮这个字从“欠”，又是一缕气息出入，据说是强调吞水换气的过程。不过，饮字也有不常用的意思——据《济生方》所载：“喘息之病有六，曰悬饮、曰溢饮、曰支饮、曰痰饮、曰留饮、曰伏饮。”都跟喝什么没有关系，至于分别症候及疗法如何，还是要请教大夫，文字学者帮不上忙。

中国人始终认为，食这件事，除了与公共事务相结合，与天地、祖先、神鬼也脱不了干系，所以很多食部的字，或多或少与祟祀、祭礼相关，宴会中的酒总是为看不见的灵物所设，饮食者怀着虔敬之心，体会生之为德，是一个漫长、繁复的生产与享受过程，是之谓“人神共荐”。

我逐行逐句将食字部的字一一看来，忽然发现：老古人重视吃这件事，远甚于其他。为了以文字指认吃或食物的不同状态，尽量使用不同的字，原来饘、糊（餬）、糜都是稠粥，原来馈（餽）、饩、馌都有赠送或贡献食物的意思，原来……吃不是张嘴、咀嚼、吞咽之后，说一声“不错吃”就完事了的。有很多我们遗漏的字，不应该处于残羹剩饭的地位。

更要紧的是，认得这些字之后，我才约略明白了八十年前那个瞎老头儿所说的“供吃积德”“养儿养福”的话。吃，何止在口腹之间呢？

字词辨正

民以食为一大事

一、从古文字造型上看“吃”的本义，是指：

①企求满足口腹之欲 ②言词间对人有所期待 ③吸食浆液汁水 ④说话不能顺畅

二、“吃”字没有下列哪一个意思？

①食用 ②饮用 ③停顿 ④承受

三、《汉书 · 食货志》云：“今背本而趋末，食者甚众，是天下之大残也。”其中“食”字说的是：

①三餐 ②生计 ③俸禄 ④赈济

四、“食土”说的是：

①攻战侵凌他国 ②饥荒不择而食 ③分封割据天下 ④收取田地租税

五、“饮”字别有“喘病”的意思，下列哪一个语词与喘病无关？

①呼饮 ②悬饮 ③溢饮 ④支饮 ⑤痰饮 ⑥留饮 ⑦伏饮

六、“餐”，就是饭食或吃的意思，但是应用在其他官能上，往往是指：

①嗅觉 ②味觉 ③听觉 ④触觉

七、“乡”字虽然常指一个人的来处，也常会指向相反的、从未亲临而意想不到的境界，请列举三个。

八、宴会食物中包含了酒的时候，多用哪一个字？

①餐 ②飨 ③馔 ④饔

九、下列何字意谓比较不浓稠的稀饭？

①饘 ②粥 ③糜 ④ 糊

十、下列何字与赠送、贡献食物无关？

①馈 ②餲 ③饩 ④馌

答案：④、③、②、④、①、③、梦乡、醉乡、温柔乡、②、②、②

瘦

瘦比南山猴

——原本是老人家？还是找东西？

孩提时代，我是个容易害羞、也容易害怕的人。母亲总跟人说我不爱出门，只肯在家里玩儿，都只见邻居孩子们上咱家来，很少见我上别人家去的。她说对了，却也说错了。我不是不肯上别人家去的，只是经过了一件事情之后，便再也不敢上别人家去了。

那个孩子的家在我所居住的眷村外边，隔着一条龙江街。街面不宽，可是街对过的人家生活样态和条件大不相同。比方说，有着大庭院和两层洋楼、一辆黑头大轿车早晚出入的宅子，那里住着王文成、王文正兄弟，他们的父亲是一份新闻画报的老板（刊名似乎叫《中外》），仅仅两扇大门就有我家眷舍的院墙一般宽。

王氏兄弟隔壁的人家像是没有我们这年纪的小孩，经常往来的红男绿女也都穿戴高雅、装扮入时，面街的院子没有砖石墙垣，一长排铸铁栅栏可以让路人透见人家过得多么不一样的日子。栅栏里种植着整齐的草皮，草皮上几乎每个周末都会举办许多人擎杯徘徊的派对。最让人惊叹的是家主人还会把一台巨大无比的电视机搬到草皮上，荧幕上播放着当天的节目，可是与会的嘉宾似乎都没有看电视的兴趣，对于在路边徘徊的我们来说，那真是奢华而浪费的极致了！

这一户人家的宅院深广，侧墙外就是一块空地，我们村里的孩子在那儿打棒球，球不时飞进院子，还得有人绕到前门隔着栅栏把风，指点另一人从侧翼翻墙。几年下来，我们根本没有见识过这家主人的面目。

倒是这大宅门后面，还有两三户居室狭仄的人家。其中就有令我惊悚难忘的记忆。记忆的片段没有开头、也没有结尾。就是一个和我年纪相仿佛的孩子——远远在我认识王文成、王文正兄弟之前；一个既无名也无姓，年纪比我还稍小一些的孩子，总之是邀请我去了他的家。进门两三步还要上一段台阶，玄关里面漆黑一片。那孩子拥有数不清的玩具车，回想起来，应该就是说有玩具车，他才把我拐了去的。然而，就在我被玩具车包围、感觉置身天堂之际，忽然听见一声嘶吼，那声音明明是从屋里传出来的，可是记忆中却来自冰冷的白色墙壁。说的是：“你——呀！”

我问那孩子：“谁呀？”

孩子说：“不理她，她不会怎样。”

“你——呀！”一发喊出声，就没有停过。我起初还想专心玩车，不去理会。可是吼声越来越尖锐，也越来越凄厉。我实在不敢再玩下去了，起身要走，那孩子却用身体拱住我，头也不抬地说："不要怕，不会怎样，是我奶奶。"

不多会儿，那奶奶就出现了。应该说：一副看似用发皱的抹布包覆着的骨头架子就从隔壁房间晃出来了。她挥动着杈丫开张的双臂和十指，继续喊着，来回在我们身边晃了几圈，偶尔看看我，又看看她孙子，再看看我——可是，在她的眼睛里显然没有我们。她接着转回身，对着天花板或墙壁的高处继续喊着："你——呀！你——呀！"

"跟你说不会怎样吧？"孩子说。

可是他并不知道我的恐惧是怎么一回事。我不怕那奶奶的声音，也不怕她空洞的眼睛，我甚至不怕她游魂一般徘徊来去的身影。我怕的是她的瘦，连尖锐的枯枝都不足以比拟的瘦。

我有很长一段时间，连写个"瘦"字都会感觉不舒服，"瘦"字比"鬼"字来得可怕不说，法兰克·辛纳屈（Frank Sinatra）在我心目之中一直都是大反派、讨厌鬼，只因为他的外号是"瘦皮猴"。

本来只想说一个"瘦"字，此乃中年以上、日常久坐、肚腩壅肥之人相当渴望的形貌。要说这个字，却得先从老人说起。"瘦"字里藏了一个老人家——"叟"。读《孟子》，出现的第一句对话就有这个字："王曰：叟，不远千里而来……"

叟，也是地名，东汉以迄六朝对于现在甘、滇、川、贵一带的边区民族通称为"叟地"，招募来的士兵都勇健善战，跟我们一般说的老弱之人完全不是一回事。

若问字的来历，不免要从构造这个字的形、音、义符上小心拼凑。然而众说纷纭，即使是像许慎《说文》，也免不了穿凿附会。像“叟”这个字，王国维引用古籍，认为在周代，童子有为长者“执烛”（也就是照明）的职责，《礼记 · 檀弓》所谓“童子隅坐而执烛”、《管子 · 弟子职》所谓“昏将举火，执烛隅坐”，都是把甲骨文的“叟”（）解说成一个人在屋顶之下（室内）举着像火炬一样的东西。那么，被侍奉的老人家到底在哪儿呢？“叟”如果是指老人家，却只有替老人家照明的童子和火烛，不是很奇怪吗？

也有人用小篆（）来解说，认为字体上方的不是屋顶，而是一个象征人体的“大”，大字底下也不是象征灯烛的火光，而是左右两个点，下方的“又”就是人的手，加强示意以手搀扶老人：此说的确让我们对同一个字有了不同的视觉意象。

不过，解释尚不止于此。因为有人根本觉得“叟”的本义不是老人，而是搜寻、探索——在屋下手持火炬，不就是找东西吗？

因为“搜”，找索；“廋”，庋藏，都跟寻找和收藏这一组概念有关。我们只好相信：也许原先造字之初，一个表示长发老人的字形，和一个手持炬火找东西的字形，由于太接近了而混同，到小篆里就固定下来，一形两义，形成了“讹字自冒以为假借”，人们只好在左边再加上一个“手”，成为“搜”，以示与表达老人之义的“叟”为区别。另一方面，在《左传》《方言》里则出现了添加一个“人”字偏旁，来表示老人的“傁”。

“叟”加上“广”字为偏旁，一般用以表达隐藏的意思。但是在中文里面，常有“相反为训”的现象。“廋”既是隐藏，也是侦察、寻找，跟“搜”这个字是相通的。从人事的隐藏，到自然的隐密，又延伸出山弯水曲之地的意义，故“隈曰廋”。用“廋”字造词，十之六七都是指“打谜语”：廋文、廋词、廋语、廋辞皆是。

此字虽然罕用，但是孔老夫子那几句“视其所以，观其所由，察其所安，人焉廋哉？人焉廋哉？”还是非常实用的观人之术。这话到了孟子那里，有了更具体的实践：“听其言也，观其眸子，人焉廋哉！”说是观察一个人，没有比观察他的眼神更清楚了；存心正直，眼神就明亮；存心邪恶，眼神就混浊。只要听人所说的话，再看看他的眼神，谁能遁形？

几十年前，如果说人瘦了，必与疾病、饥饿有关；今天要是说谁瘦了，第一个联想则总是与苗条、有精神，甚至健康的概念连结较深。现代生活造就人体态普遍丰腴，肥胖甚至被定义为疾病，其实无关美丑，而是医学上证实肥胖容易导致糖尿病、高血压、高血脂，所以米歇尔·奥巴马才会把对抗儿童肥胖，当作美国的国安问题。

回到数千年前去看“瘦”这个字，居然带个“疒”字边，此偏旁读作“床”，意思也就是病床，病床上躺着个老人家，肌肉不丰，形容枯槁，大概也就是风烛残年了。可见在造字的那个时代，瘦是病态。倒是近些年，我自己的朋友也大多是中老年人，他们过生日的时候，我都会给两句话，听在古人耳中一定不很对劲——我的祝福是：“福（浮）如东海龟；寿（瘦）比南山猴。”无论接到祝福的人原本是丰腴还是苗条，似乎已经在两句话里感受自己理想的体态，都相当满意。

有些时候，我也不禁要撞回多年前的记忆中去搜寻一番：那个令我惊悚了很久的老太太究竟是不是一个病人呢？她的那一声声“你——呀！”“你——呀！”是呼唤一个躲藏起来的人吗？那栏扃锁在一室之内的寻觅，看似是不会有什么结果了，然则，这就是垂老的象征吗？

字词辨正

出门谁是伴？只约瘦藤行

一、“叟叟”读作“搜搜”，是形容什么声音？

①风吹之声 ②髹漆之声 ③扫地之声 ④淘米之声

二、“叟兵”是指：

①老弱之兵 ②勇健之兵 ③除役之兵 ④战败之兵

三、“廋词”是指：

①口吃 ②打谜语 ③不擅表达 ④说话含混不清

四、周代的“廋人”是在朝廷中负责：

①养马 ②养牛 ③养童仆 ④养老人

五、哪一句诗或词里的“瘦”与其他各句用意不同？

①愁来瘦转剧，衣带自然宽 ②久行见空巷，日瘦气惨凄 ③叶凋山寺出，溪瘦石桥高 ④风也萧萧、雨也萧萧，瘦尽灯花又一宵

六、“瘦岛”是说：

①小岛 ②孤岛 ③礁岛 ④贾岛

七、“瘦筇”“瘦藤”都是指：

①折扇 ②马鞭 ③手杖 ④戒尺

八、“瘦马”当然是指瘦弱的马匹，引申义则是指：

①老吏 ②雏妓 ③童兵 ④拉夫

九、“瘦田”的意思是：

①一种印石 ②平滑的砚台 ③贫瘠的耕地 ④不会生育的女子

十、“瘦羊博士”是借由东汉博士官甄宇的故事来表彰哪一种德行？

①孝顺 ②仁爱 ③宽让 ④节俭

答案：④、②、②、①、①、④、③、②、③、③

冰寒

冰与寒，漫长的历程

——结冻成冬，一向是中国历代王朝的岁首。冰，竟然是开始……

我刚满二十岁的一九七七年底，一段酷寒的日子，入冬之后一天比一天冷，而我则由于参加了寒暑期自强活动服务人员的行列，必须到中横大禹岭山庄报到驻站，为往来于中横公路上的许多健行队伍提供膳宿和团康娱乐服务。那三个星期当中，我有不少新鲜的经验。第一次向梨山气象站回报大禹岭低温（零下四度，在当时，是史上最低），第一次踏上滑雪板，第一次巡视保线路，第一次不在家过旧历年，第一次喝下一整瓶黑金龙，半夜到雪地里挖一大坑吐得干干净净。

把我灌醉的，是大禹岭山庄的主人，一对不知道是不是亲兄弟的兄弟，人称二伯和五叔，自五〇年代便到中横开垦，种梨、种苹果是主业；号称山庄、开办民宿，假日与救国团之类的单位合作待客，也有些微薄的利头，但是二伯和五叔所图不是经营获利，他们是衷心喜欢和年轻人打交道。

一个梯队又一个梯队地送往迎来，我从来没有一刻感觉他们是旅店业者，他们更像是每一个陌生访客的“家主人”。这种“家主人”自然开阔、与山岭林地共吐纳的胸怀和气度，我日后很少见了。在沉默寡言的二伯和笑语不断的五叔那里，好像无事无物不可以与众生共享，且不但施之于人，也自然而然地施之于中横山林里堪称与农场为大敌的猕猴。

下大雪的当天下午，山庄附近揽客上松雪楼的计程车都挂上了雪链，梨山和花莲两边汇集而来大型客运车也都在山庄正下方的回转隙地之上拚放黑烟，闹乱了好一阵，天色忽然阴了，山峰云海忽然静了，连过往的风都不敢出声。五叔靠着厨房门口过道的栏杆往不知多远处眺望，望了好一阵，才指了指右前方两座大山口的交接处，低声说：“来了。”

“什么来了？”

“猴子。”

我放眼四方，恣意细看，除了一只在极高极远处盘旋绕圈子的鹰隼之外，什么活物都没有——一切就仍然浸泡在先前那突如其来、沉没到底的静谧之中。五叔仍旧悄声说：“刚才那一阵儿太吵，所有的车一下都走了，猴子们也发现了，这个时候它们特别放心了，就出来了。”

“出来干吗呢？”

“上咱园子里开饭啦！”

“你不去赶一赶吗？就让它们这样吃吗？”

早先二伯和五叔也心疼过，想想自己亲手勤苦劬劳、好不容易栽培出来的果子都便宜了这些神出鬼没的畜生，怎么不懊恼、气愤呢？甚至也装设过捕兽夹和陷阱。成效？没有成效。

就在一个十分寒冷的冬天，也像这两日一般飘着雪。二伯先发现了猴子的踪迹，赶紧拿出早就准备下的火器，就是要开一回杀戒，也许能收吓阻之效。然而，正当二伯、五叔这么严阵以待的时刻，忽然看清楚了，那是排成一整列的猴子，前后相追相随，丝毫不乱。

当先的是一头老猕猴，寒流带来的风雪冻得它浑身颤抖、一步一哆嗦，看来艰苦备至。老猴头的手上还捉着一根长树枝——那树枝既可以是拐棍、也可以是探针，显然是以此对付捕兽夹的。

“真没想到，那么冷的天儿，冻得出疮来的，”五叔微笑着说，“猴子还办教育呢！”

从那一次大寒流以后，二伯和五叔也没打商量，却再也不装捕兽夹了。吃去罢！它们能吃多少呢？应该就是这样放怀的念头吧？我当时就想：如果目睹老猴头那一幕不是发生在那么寒冷的时刻，二伯、五叔未必会有感于天地之心吧？古诗有“一片冰心在玉壶”的句子，“冰心”所指，乃是清洁干净、不为功利所扰动的心；看似很冷，其实有着不与人计较的温度。

从甲骨文（）、钟鼎文（）到小篆（），冰字的写法都是“仌”，古文字学家以为是“象冰纹之形”，大面积的水遇冷固化，状若棚，所以语音也近似棚。虽然是简单两笔，看看天文学家

对于发现火星地底藏有大量水冰的兴奋之情可知，冰，很可能是万物之始。

春夏秋冬四季结束于最冷的季节，也开始于最冷的季节。“冬至，一阳生”寓理即此：“坤”卦十月，天地皆阴严冬降，万物藏；“复”卦的十一月阳气再现，生机将出。昼即将长于夜，而春的消息则远远地来了。古代初文冬字（）长得像个耳机，据说是绳端终结之形，到了小篆时代，本字（）发生变化，大约那时的古人已经不结绳记事了，文字符号只好与时俱变，让耳机变成了双股叉，看起来像是“宀”字延长了两脚，底下再加上个“冫”——这正吻合于天冷待在家里的意象，不是过冬，又是什么？

冰字从“仌”简化而成“冫”，又繁化而成“冰”，再简化而成俗写的“氷”，意义大致未曾改变，但是也未必只有寒冷，以及固态水之义。“冰人”指的是媒合之人；其间的解释很迂曲，说是“冰上为阳，冰下为阴……在冰上与冰下人语，为阳语阴，媒介事也。君当为人作媒，冰泮而婚成。”此外，施之于人事，因为冰的冷，带有孤高的意象，冰清玉润两物两性合说，通常是称赞成就姻缘的翁婿两家，在品格和教养上门当户对，谁也不至于辱没对方。

冰之不为冰，还有很多例子，像“三尺枯蛟出冰海”，可知剑器森寒之极；那么，冰海就是剑鞘了。冰笋是美人的手臂，冰心指情怀高洁，冰肌是肤色白，冰魂是梅花——温度都不特别低。

除了现、当代语料中的冰箱、冰棍、冰淇淋之外，中国古代语汇中大量冠以冰字的语词都取其引申或象征义，比方说：冰绡，是指薄而洁白的丝绸；冰衔，是指清贵而不掌握实权的高官；冰槊，是闪烁着寒光的长矛；冰蔬，是清净爽口的蔬菜；冰轮是明月；冰籁是洞箫。倒是冰桥一词，不能说全与低温无关，却也不是用冰雕做成的桥，意在虚实之间，说的是湖面结成厚冰，可以供人马行走。

冬天一般是寒冷的，可以想见："寒"字底下的两点，也是这块冰作祟。把寒字拆开来看，寒的上端有"宀"，屋顶象征家居；中间的一大块纵横交织之物是草苫，人蒙着草苫取暖，尚不足以表现寒冷，还得在脚下放一块冰。

寒字也有相当歧出的意义。比方说：寒瓜一词，既是指西瓜，也是指冬瓜。前者殆因西瓜性冷，后者殆因冬瓜生长的季节，可是寒瓜也可以代称秋季天气转凉之后所有的瓜。还有"寒胎"这个词，指称珍珠，似乎将月光与蛤蜊用诗一般的意象结合起来了。

由于冷，寒字当家的语词转义成两路。一条往劲节砺冰操之路上行去，于是逢冬不凋之花叶则备受揄扬，寒木寒竹、寒菊寒梅，甚至还有神话一般的植物"寒荷"（见《洞冥记》）。另一条则往孤寒成落魄之路上行去，就生带出了穷困、悲苦、身份卑下的意思。寒门、寒舍、寒心、寒素都是这种情调。

早在春秋末叶，吴王夫差派太宰嚭前往北方的鲁国去"寻盟"——意思就是把早就签订的盟约再重新拿出来确认。就常情而言，这是友善的表现，可是子贡却认为"寻盟"多此一举，他说了一番大义凛然的话："寡君以为苟有盟焉，弗可改也已。若犹可改，日盟何益？今吾子曰：'必寻盟'，若可寻也，亦可寒也！"

子贡戳穿了太宰嚭的外交伪善。诚然：寒盟（背弃盟约）者，恰是寻盟（重温或改订）者。每天都要发个誓、赌个咒、必要做到这事那事的人，恐怕除了寻盟、寒盟之外，什么也做不了。

字词辨正

寒尽不知年

一、依照古今先后，排列一下“冰”字出现的顺序：

①仌冫冰氷 ②冫仌氷冰 ③冫仌冰氷 ④冰氷仌冫

二、以下哪些“冰”字未必有温度低的意思？

①冰笋 ②冰心 ③冰肌 ④冰魂

三、“冰人”是指：

①穷人 ②美人 ③媒人 ④假人

四、“冰玉”二物相提并论，除了比喻高尚贞节的人品，还常用以指称哪一种人事关系？

①母女 ②妯娌 ③甥舅 ④翁婿

五、“冰海”用以比拟哪一种物件？

①墨壶 ②剑鞘 ③水皿 ④雨衣

六、下列哪一个词语含有确实的低温之意？

①冰绡 ②冰衔 ③冰槊 ④冰蔬 ⑤冰桥 ⑥冰糖 ⑦冰轮 ⑧冰籁

七、“寒瓜”之词，不包括下列哪一义？

①黄瓜 ②西瓜 ③冬瓜 ④秋瓜

八、寒松、寒菊、寒梅等词都有经寒不凋之义，下列哪一个语词没有这一层含意？

①寒苞 ②寒竹 ③寒木 ④寒荷

九、“寒盟”是指：

①交谊不深 ②友情冷却 ③背弃结盟 ④旧日婚约

十、“寒胎”是何物之代称?

①麦冬 ②月亮 ③脂玉 ④珍珠

答案：①、①～④、③、④、②、⑤、①、①、③、④

醉

提壶醒眼看人醉

——酒是迷人之物，除了松弛心情取乐，还有很多文化内容，读字可知。

“醉里乾坤大”说得多好？饮的境界宽广，正应了孔夫子那句：“唯酒无量，不及乱。”受酒之量，人各不同，所以孔子没说喝多少算是上限。我听过不少大醉之态，都不如郑安石说他老舅的一段令人惊心动魄。

安石母家在辽北北丰，今属辽宁。说到饮酒，大东北之区乃是地灵人杰。这位老舅平日爱喝、也能喝，家常新醅陈酿，一向断不了供应。论起酒量来，就是那种“渴饮”的等级。

有一次邻村办喜事，老舅去了。一连喝了三天三夜，神态如常，不及于乱。北地俗语有云：“酒不够，烟来凑。”根据在场的人事后描述，老舅随手抓过一杆三尺长的大烟枪来，才一打火，但听得“砰”的一声，炸了。谁也说不上来炸的是什么，只见老舅一歪身，人就再也没有醒过来。当席同饮的伴当们抢忙拆了门板，飞奔了几里地，把老舅抬回家。人早就没了气息，倒是一路之上，直到进家门，七窍里还冒着湛蓝色的火苗子。

这就堪称饮之烈士了。整整千年以来，怕只有北宋时代的一群酒豪——钱明逸、苏舜钦、石曼卿、刘潜——与老舅差堪比拟。其中，文名之大者莫过于苏，酒兴之高者莫过于石，政声之恶者莫过于钱，刘潜还只是个布衣，了无籍籍之名。不过，根据《画墁录》和《梦溪笔谈》的记载，无论相识、相交与否，这些饮者都有一种共同的饮酒态度，他们求醉，非但与吟咏无关、与声色无关、与怀抱无关、与情愁无关，甚至与交友亦无关。纯粹饮之体验，是唯一的目的。

这些人喝时摸黑，不点灯烛，叫做“鬼饮”。喝了高声唱挽歌，叫做“了（终了之义）饮”。还有披头散发、光着脚丫，甚至戴上枷镣，围坐成一圈，叫做“囚饮”。至于用茅席裹身，伸头喝罢、复缩身入席，叫做“鳖饮”。甚且喝完一杯便去爬树，之后下来了再喝一杯，叫做“鹤饮”。

其中，钱明逸与人共饮时不设肴馔，怕的是食物入腹，占了“酒地”；喝的时候，与酒友亦不交一语，怕的是流散了“酒气”。此公每一次会饮，都得喝上好几斗，而佐酒之物，不过是“青盐数粒”。

据传宋仁宗爱惜石曼卿之才，常对辅臣说：希望他能戒酒。石曼卿还真听皇帝的话，戒了不多时就生了病，随即死了；得年只有四十八岁。欧阳修写的《祭石曼卿文》一共只有三百多字，却一再称“此自古圣贤，莫不皆然”“此自古圣贤亦皆然兮”。所用的语句，当然是本乎李太白的“自古圣贤皆寂寞”。此处的圣，指酒之清者；贤，指酒之浊者——可千万不要误会成什么古圣先贤——而“自古圣贤皆寂寞，唯有饮者留其名”所说的，恰恰是饮酒之人凭借着他的风范、格调甚至作品，而为所饮之酒传扬了美名。

“北山白云里，隐者自怡悦”是孟浩然的句子，若易隐字为饮字，庶几更接近实情呢？饮者之乐，但不及于乱，即使看在不饮者眼中，应该也自是一番陶醉的。于是我们有了宋代诗人杨万里的一首《初夏》诗，诗中一联十分巧妙：“提壶醒眼看人醉，布谷催农不自耕。”

“布谷”就是子规，春夏之间鸣声嘹亮，像是在催促农人勤勉工作，“提壶”谐音“醍醐”，字面上和“布谷”作成对仗，若把“提”“布”当动词，“壶”“谷”当名词宾语，也可以成立；意义上所要传达的却是一份闲适、愉悦和旁观农家生活百态的情怀。提壶者显然不与其他人一同闹酒喝，但是却独能体会醉者之乐，也才能将他人之乐写进诗里。

酒字字根是酉，十二地支之一，序列第十，合生肖为鸡；配合方位而言，酉是指西方；配合季节而言，是指秋季；配合时辰而言，是指下午五到七点。以天地四时晨昏的运行看来，都在过半之处，有些成熟的况味。

回归字形之本，酉字就是一个盛酒的缸。汉儒附会的说法，以为“万物成象而就”，也和谷物秋熟、酿酒贮封，好像自然界的精华都装在这发酵的瓮里了。以酉为基础的酒字，便有了收成、完足、丰盛的潜在意涵。

酒的发酵是一个缓慢而不会止息的过程。在还没有发展出成熟的蒸馏技术之前，古人为了不要喝到变酸的酒，就会使用“煮”（略事加热）的手段让发酵终止——这是“青梅煮酒论英雄”的来历，也是“红泥小火炉”的作用。

酒味变浓为淡、变醇为酸，虽非善饮者所期，但是总会发生，竟然也有专字：“醛”。在今天，此字特别是指含有醛基的有机化合物，然而它的古意很美，是指酒类有如荃一样的香草，不断释放出芳香之气，现代人引英文说的“醒酒”（airing），实在就是此字。

以酉为字根的字很多，有的表现谷果发酵状态，像醹、醶、醲、醰、醽、醪都与充分的发酵而使酒味变得深长或醇厚有关。醨，则是淡酒、薄酒，试想：酒味离散，焉得不淡呢？

还有的从酉之字，则表现饮酒生活中的活动。比方说，在西汉时就出现了“酤”这个字，这个字恐怕也是举世唯一替买酒、卖酒之事独造一字的语文。再例如：酬、醋，原本是饮酒的一连串仪式——主人初次酌酒与宾客，叫做“献”。宾客饮过了“献”酒，还敬主人，叫做“醋”（也叫“酢”）。主人再将“醋”饮过，还要自饮一回，第二度酌与宾客，这就叫“酬”。此后双方便不再劝饮了。这就是饮酒之礼，讲究的终究是节度。

醋字和酷字都有一种对士大夫阶级的怨毒之意，只是今天不大能从字面上体会。“醋大”是一个词，也作“措大”，今人用之，多加上一个穷字，好像只有贫困之人才当得这贬词。

实则“醋大”另有说解，是指称士人阶级衣冠俨然，望之有一种傲然不可侵犯的气场，一旦犯之，必加报复。关于这一点，熟读《儒林外史》或《官场现形记》《二十年目睹之怪现状》自可体会。“醋大”所指的就是这种读书人逞其知识的傲慢，鄙虐小民的声势。后来俗用加上一个穷字，成为“穷醋大”，没钱，气场也没了，可是傲慢的骨性似乎还在。

酷字在二十世纪八〇年代以后，摇身一变，成为一个外来观念翻译字，指的是“cool”。它原本残刻、苛暴的语意几乎已经消失。但是这个字之所以从酉，也有本义，说的是酒味之特别醇厚严烈的状态。右边的声符“告”，与酉字共同会意，而“告”是一头触人之牛，角抵加之，用意强烈，可见酒味触鼻的强猛了。

话说回头，前文说到了杨万里提着酒壶看乡里人醉饮取乐。他虽不喝，也能乐人之乐，其妙趣还有深刻之处，“提壶”所谐音的“醍醐”原本不是酒，而是“酪之精者”。据说：奶酪上方凝结的一层油脂叫“酥”，而“酥”的上方犹有一层极细的油脂，谓之“醍醐”。古人以此为纯一无杂之上味，所以《涅槃经》上才会说：“譬如从牛出乳，从乳出酪，从酪出生酥，从生酥出熟酥，从熟酥出醍醐，醍醐最上。”可是不要忘了：醍醐不是酒，反而可能是醒酒之物，使人消除尘虑烦恼，清凉自在——最重要的是头脑清醒。是的，不及于乱。

字词辨正

唯酒无量

一、配合方位而言，“酉”是指：

①东 ②西 ③南 ④北

二、配合季节而言，“酉”是指：

①春 ②夏 ③秋 ④冬

三、配合时辰而言，“酉”是指：

①下午五到七点 ②晚间七到九点 ③夜间九到十一点 ④半夜一到三点

四、古代主宾饮酒之礼，客人还敬主人叫做：

①酬 ②醉 ③酺 ④醋

五、酒味变浓为淡、变醇为酸，用哪一个字来形容？

①酟 ②醡 ③醛 ④醚

六、“措大”“醋大”原本是指四民之中的哪一流人物？

①士 ②农 ③工 ④商

七、形容醉酒而失去知觉，该用哪一个字？

①酪 ②酊 ③酲 ④醺

八、酒的原味特别严烈，是哪一个字呢？

①酵 ②酷 ③醇 ④醅

九、下列哪一个词不是指酒？

①醍醐 ②醽醁 ③酴醾 ④醇醴

十、下列哪一个字是指薄酒？

①醹 ②酽 ③醨 ④醲 ⑤醇 ⑥醽 ⑦醪

答案：②、③、①、④、③、①、③、②、①、③

相邻两字是天涯

——邻里是家族以外人际关系的起点，字义延伸开来，却到陌生之地。

现代人掌握的资讯丰富，天涯海角都能会通，比起终身保守于乡里之间绝大多数的古人，都有广阔的世界观。果真如此吗？从语言学的角度观察，有一点可能让我们吃惊：中国老古人打心底就没有“陌生人”这个字眼，也没有这个观念。至少，我在清代以前的古书上没有见过“陌生”“陌生人”这样的词汇。最常见而意思接近的，是“陌路”一词，原指田间小径、街道、道路，后来也隐括了路上不认识的人，如：“每逢陌路犹嗟叹，何况今朝是见君。”(白居易《见元九》)。

与其说“路上不认识的人”，毋宁更准确地说，那意思其实是“尚未从路上迎进家里来的人”。这是几千年来逐渐积累、沉淀成形的世界观。可以从很多加入了生活细节描写的文本上得到验证。

我高中毕业、正准备进大学的那年暑假，有一段不算长，可是废得慌的假期。奉母命为邻家一个同龄却没考上大学的女孩儿补补功课，以便报考夜间部。

那女孩儿生来大概就是个恍神的料，读书根本是做样子，对于任何科目的专注力不会超过三分钟。我带她读了几天国文、历史、地理，自觉都了无生趣，只好一起蹲图书馆，各据方桌的一侧，这样反而合法合理地可以不交一言。有一天，我读我的唐人传奇（应该是为了预习日后的大学教材罢？），她呢？谁管她！

犹记当时我读的是杜光庭的《虬髯客传》，读得相当吃力。过了不知道有多久，她忽然问我："你是不是看不懂？很难吗？"我当然要说不难。她却说："那你讲给我听。"

我还真讲了，讲了不超过四分之一，卡在红拂、李靖和虬髯客初见面的那一刻，她硬是跟我拗上，不肯听下去了。

"简直胡扯，根本不可能的事！"她说。

杜光庭死了一千多年，我到哪里去问出一个她坚词以为不可能、不可以的底细来呢？原来故事里说到红拂女、李靖即将前往太原，途中寄宿于灵石旅舍，房里设了床、炉中烹了肉，红拂女正在床前梳她的长头发，而李靖则在一旁刷马。这时忽然出现了一个中等身材、满面赤色虬髯的汉子——这汉子还是骑着驴来的；来时二话不说，便将一只皮囊扔在炉前，取过枕头来，侧身躺舒坦了，看红拂女梳头发。

听我一字一句、很辛苦地把文言故事翻译成白话文的姑娘这时终于忍不住了，说："简直胡扯，根本不可能的事。"

她的质疑不是没有道理——为什么红拂女梳头和李靖刷马是在同一个空间？为什么虬髯客骑着一头驴，连人带牲口，说来就来，立刻窝进了同一个空间？为什么虬髯客还能把自己的行李（我们后来知道，那皮囊里装着的竟然还是一颗血淋淋的人头）扔在别人做饭的炉子前面？为什么虬髯客可以大步趔趔走进他人的房间，抱着他人的枕头，看不认识的女子梳头？

老实说，当时的我心里只有一个念头：怪不得你考不上大学，听故事听到哪里去了呢？这是传说中的风尘三侠啊！

一两周之后我就上成功岭受军训去了，那女孩儿究竟有没有夜间部大学可念？也不关我的事了。可怪的是，她在图书馆里提出的疑问始终在我日后再三重读《虬髯客传》的时候跳将出来：是啊！若不是那样一个人畜共享、人我同居的"灵石旅舍"，风尘三侠又怎么可能碰面，且立即展开了情节如此荒诞、节奏又如此紧密的故事呢？

不知道在几十年后，我忽然从当年未解的疑惑之中拍案惊醒——那不是一个特别为故事打造的异样空间，那就是唐代——甚至此前更古老的许多朝代——的日常啊！

旅馆以四壁相隔，分别亲疏，投宿者各据一间，这样的区处和规格可能已经是晚近之事了。在风尘三侠可以意气相结相交的时代，必然有一种方便陌生人流通融合的空间，而在这一套空间里，也必然有一套充满流动性的、物／我、人／己宽大相容的世界观——宽大到抛弃了"陌生"这样的语汇。

在他们眼中，现代人所防范、畏避的陌生人，只不过是尚未结识的客人。相对于今日密集群居数十年而老死不相往来的人而言，确实难以想象。陶渊明的《移居》诗二首之一“邻曲时时来，抗言谈在昔”、王勃的“海内存知己，天涯若比邻”都是自然流露的诗句。一个因缘际会、从万里之遥来到你面前的人，可以受到老邻居一般的对待。于是我们可以这么说：邻、里可不只是家居密迩之地，而是通往世界的起点。

邻（鄰）的声符是“粦”，上半部的“米”是由“炎”简化而成，这两把荧荧之火，据说是鬼火。战争中的人和马牛之属死者甚多，其血干涸，长久积累而化为“粦”；传闻此物渗入地下，附着在草木之上，平时就像霜露一般，不容易察见，但是到了夜里，一经行人沾触，身体上便会出现点点微光，虽说拂拭即散，仍不免令人心生恐惧。《淮南子·泛论训》称“久血为磷”是也。作为“邻”的声符，也具备了积久渐多的意思。不消说，邻字作为行政单位以前，已经见证了人们聚居的趋势。至于积久、密集这两层意思，也就引申出谷物丰登的联想，而成为“邻熟”一词的来历。

汉代刘向编的《战国策》和《列女传》上都记载了一个故事，一群相邻而居的女子夜夜相聚一室纺纱，各备火烛照明，其中有那家境穷苦的，买不起烛，也来蹭光，遭到排斥，可是这贫家女申诉道：“我正是因为没有能力供应火烛，每夜早来洒扫布置，也出了人力，更何况我利用了你们所使用的烛火余光，并不妨碍你们照明之用啊！”众人合议之下，觉得这话有理，也就接纳了贫家女为伴。以此，“邻光”常指他人施予的恩惠。匡衡凿壁引光夜读，何止是用功上进呢？那不在意墙上有洞的邻居，不才是发挥分润精神的贤者吗？

邻人相互分享好处是天经地义的事，所以千万不要误会“德不孤，必有邻”说的是“有德行的人一定会有同志”；其实这个“德”，指的是“直道”而非“贤德”，奉直道而行，一定会有人来辅弼、帮助。“邻”在此处所指的，就是辅助的意思，如《书经·益稷》：“帝曰：‘吁！臣哉邻哉；邻哉臣哉！’”臣字、邻字，音近相诠，把“邻”作成了“帮助”的解释，开启日后孟子“得道多助、失道寡助”的论理。

从一人一家的角度向外延伸，无论是以家户数或距离来度量，邻的体量都比较小，而里的涵盖范围就大得多。五家为一邻、八家为一邻的说法不一，二十五家、五十家、七十二家、八十家……到一百一十家为一里的规范也历代不同，有趣的是以“里”字带头的词汇，有很大的一个词群都是指里长，里尹、里正、里司、里老、里君、里胥、里宰、里魁等都是。数千年来中国的乡土社会把一里之地作为行政单位的最基层，却给予这小小职称以越来越高的象征。除了“帝王”二字太隆重，不能真酿成小老百姓割地分治的联想之外，可以发现：“尹”之不足则“宰”之，“宰”之不足则“君”之，“君”之不足则“魁”之，让最没有权柄的基层服事之人误以为自己也分享了权力，这就是中国庶民政治最巩固的心理框架。

有一个已经消失在今人语汇之中的词，与行政架构无关，相当凄美。白居易写过，《早秋独夜》：“井梧凉叶动，邻杵秋声发。”贾岛写过，《上谷旅夜》：“故园千里数行泪，邻杵一声终夜愁。”到了纳兰性德的《雪中和友》也这样写过：“哀雁兼邻杵，共君寒夜心。”

邻杵必是指在客居之地，听见相去不远处传来的清晰敲击，那儿有人临河浣衣，想来是别人的家人，而听见这捣衣之声的我，却正是一个“别人”。

邻，不是最亲近的吗？在这里，却怎么那样遥远哪？

字词辨正

万里天涯若比邻

一、“邻笛”“邻舍笛”“邻家吹笛”都是表达哪一种情感？

①安静和睦 ②幽潜寂寞 ③萧条疏远 ④伤逝怀旧

二、“邻杵”字面上解为附近的捣衣之声，象征什么呢？

①旅人寒夜的寂寞 ②家人勤奋地工作 ③邻人经常起纷争 ④同道互伸援手

三、“邻光”是指：

①窃占别人的好处 ②他人施予的恩惠 ③损有余以补不足 ④与旁人分享荣耀

四、“邻熟”是指：

①里巷居人彼此熟识 ②谷物丰收而成熟 ③食物即将烹调完熟 ④两国之间交际频繁

五、“德不孤，必有邻”的“邻”是什么意思？

①同道 ②朋友 ③帮助 ④目标

六、“里曲”是俚俗的歌曲，“里言”是流行的俗语，那么“里耳”又是什么？

①老子的本名 ②风闻、谣传 ③低下的趣味 ④本地的秘密

七、古代计算户口方式不同，究竟几家为一里，往往莫衷一是。请选出错误的叙述：

①二十五家为一里 ②五十家为一里 ③六十家为一里 ④七十二家为一里 ⑤八十家为一里 ⑥一百家为一里 ⑦一百一十家为一里

八、下列何者不具备里长的身份？

①里尹 ②里正 ③里司 ④里老 ⑤里君 ⑥里胥 ⑦里宰 ⑧里豪 ⑨里魁

九、“里旧”是指：

①乡亲旧交 ②家乡残破 ③怀念故土 ④本土历史

十、下面哪一段引文中的“里”指称的是“故乡”？

①将仲子兮，无逾我里 ②五家为邻，五邻为里 ③相去万余里，各在天一涯 ④割慈忍爱，离邦去里

答案：④、①、②、②、③、③、③、⑧、①、④

笑

风中之竹开口笑

——开心喜乐的时候就会笑，而笑又不只是开心喜乐而已。

我在服兵役期间担任的职务是军事学校的文史教官，负责两个不同年级士官班队的语文和历史课程。在一同服役的教官里面，也有教授军事专业课程的，比方说通信、电子、有线电、无线电等等。共事同处之人，所学所用皆迥然有别，是我人生之中十分难得的一段时光。

令我印象极为深刻的，是一位无线电专业课程的教官，外号人称“开口笑”（那是一种油炸面食点心）。“开口笑”生就一只昂然突兀的大鼻子，使得颊边的法令纹显得益发深刻。再加上一双细小的眼睛，以及眼睛几乎扛不住的两撇八字眉，让人一见就想发笑。而他显然明白这一点，也总在全然不相识的情形之下笑脸迎人，仿佛身后就是两扇大敞开的家门，随时迎接客人进去。

我和他是在某日号称全校加菜聚餐的桌边初识的。他低头看一眼自己餐盘里的三层肉，再看看我盘里的，又看看自己的，叹了口气，用极为地道的京腔说了句："您，加了菜了？"

我一时没有意会过来，还在回味着他的语气——简直就是说相声的魏龙豪和吴兆南；随着他的视线，我也看了看两人餐盘里的三层肉，说："怎么了？"

"您，没加菜——"他摇摇头，嘴边的法令纹更深了，"我倒是加了。"

接着，他伸筷子拨了拨盘里的肉，指着猪皮上的一点突起之处，说："给加了个猪奶头儿！"

"开口笑"让人发笑，总是自然而然，也总是令人不期而然。有一回教官处和总队部的军官赛篮球，全校军士官生都到场边观战。看到对方一连几个三分球领先了比数，"开口笑"忽然叫了暂停——他既不是教练，也不是队长，甚至不是球员，没有人知道他是如何叫了暂停的；等所有的球员来到场外，他招呼大家围成一圈，仍旧用他那带着浓重鼻音的京腔，以极其慎重的口气面授机宜，说："人一辈子能投进的三分球是有数的，他们投进一个，就少一个了，好吧？"所有的球员闻言哈哈大笑，真个笑弯了腰，而那天，我们教官处毕竟赢了赛事。

农历年节之间，我和他分别代表政教组和无线电组留守，各人坐拥完整的办公厅、图书室，也就是读读自己有兴趣的书而已。两三天之间，我们偶尔在走廊上相遇，没有多少交谈。老实说，一个不说笑话的"开口笑"，看来竟然像是陌生人了。然而，某个傍晚我忽然听见他在隔壁纵情大笑，间之以踏步拍桌之声。我不免好奇张望，只见他手卷一书，不时地敲打着面前的玻璃垫，当真笑弯了腰。问他怎么了，只是摇头——他自笑而人不笑，应该是我生平仅见。我追问再三，他只摇着手里的书说："这书说的，太幽默了！"

那是一本讲数学原理的书，他所笑的，是一个看起来非常复杂的公式。而我呢，就是个傻子。

我在一九八五年八月份退伍，临出校门，恰巧遇见他从外归来，我恳切地惋惜道："今天退伍了，以后不容易听到你的笑话了。"他立刻瞪起一对小眼珠，道："怕什么？部队还在啊！"

我明白他的笑和笑话书上的段子大是不同。他的笑，随机而发，不假经营，意态从容而冷谑，是因为他虽然看来亲切好相与，却和这世界始终保持着一段足以静观透见的距离，那恰是取笑的距离。

从字形上分析，无论是甲骨文、金文，以至于小篆、楷书、行草，"笑"这个字都不脱一个竹字头和一个象征"体貌弯曲"的"夭"字（）。就算人在笑的时候未必"体貌弯曲"，"夭"毕竟还是这个字的声符，可是"竹"呢？跟我们的笑容、笑意、笑话究竟有什么关系？

于是文字学家一直想说服我们："竹受风，体态夭屈，有如人发笑之态。"这种说法实在有些迂回。《字林》甚至绕得更远，说："竹为乐器，君子乐然后笑。"这样说来，究竟是音乐之美使人发笑？还是开心喜乐使人发笑？都让人有点摸不清了。

笑的发动如此自然，可是笑这个字的起源却如此神秘。中文里除了开心喜乐而笑之外，最常见的笑字则含有讥讽，像是《孟子·梁惠王》“以五十步笑百步”、《战国策·韩策》“兵为秦禽，智为楚笑”皆是。然而微妙的是，同一个字既然表示讥嘲，竟然也可以表示欣羡、爱慕。李商隐的《马嵬》诗：“此日六军同驻马，当时七夕笑牵牛。”辛弃疾的《鹧鸪天》词：“君家兄弟真堪笑，个个能修五凤楼。”这里的笑，都没有贬意，只有欣羡与爱慕。

既没有开心喜乐那么强烈，也全然不带讥讽或欣羡的动机，纯粹就是一种会心自得的情态，也可以用上一个笑字。它的确是欢愉的，没有“夫子莞尔而笑”那么高兴，也没有“淳于髡仰天大笑”那么畅快，当然更不会是轻蔑的、诙嘲的。不过，在李白的《九日登山》诗里，有这么一抹：“因招白衣人，笑酌黄花菊。”在吴融的《还俗尼》里，也有这么一瞥：“柳眉梅额倩妆新，笑脱袈裟得旧身。”还有杨基的《美人刺绣》，更留下了这么一个特写：“闲情正在停针处，笑嚼残绒唾碧窗。”

细细品味，这三个例子都说明了“笑”还有一种意义：是一种情感的洋溢。怪不得古人称花开为花笑，似乎独得造化的神髓。和花笑比起来，“天笑”就严峻、暴烈得多，隋、唐人称不雨而空中有电火为“天笑”，也叫“笑电”“笑雷”。这笑，显然比讥讽要凶狠。

说笑，不一定就要笑出声来，有时甚至可以与生理特征明显的笑毫无瓜葛。最典型的例子就是我们给人送礼，总说“敬祈笑纳”“祈笑领之”，这个笑，是馈赠者假设收受者并不以所馈赠之物为贵重，甚至还轻贱得可笑；然而尽管可笑，还是请以收纳为宜。堪见馈赠者心里这一份扭折委屈，只能诉诸旁白，还真不知该如何解释清楚。

登门拜见，无论送礼与否，“投刺”则是必须的。“刺”就是名片；收了名片就必须见客；不欲接见，名刺还得退还。三国时代的辩士祢衡身怀名刺游历四方，的确有干谒公卿之心，奈何他为人骄矜排奡，每逡巡于高门之前，忽而又不屑为之，以致怀藏的名片字迹都模糊褪色了，留下了“刺字漫灭”的典故。这个“刺”，也含有身份或是身份之证明的意思。如果在“刺”前加个“笑”，“笑刺”便如同笑柄、笑资、笑具这一类的话，意思就是供人讪笑的根据了。

与笑有关而比较罕见的词汇还有些个。其一曰“笑矣乎”，这本来是李白《笑歌行》的发篇词，可是后来被借用为一种毒菌的代称，据说吃了这种菌，人就会干笑不止。其二曰“笑盐”，说的是谢安的家居故事。有一年冬大雪之日，谢安兴致来了，故作韵语考校子侄：“白雪纷纷何所似？”谢安的侄儿谢朗应声而答：“撒盐空中差可拟。”另一个侄女谢道韫则说：“未若柳絮因风起。”此语意境、修辞皆胜，谢安大乐，日后人们称长者与子侄辈吟咏取乐，辄曰“笑盐”，如果连长辈也不知写诗之乐，那么这个词就实在让人笑不出来，也就是个该寿终正寝的词了。

字词辨正

笑意一层又一层

一、“该该”是指：

①喜笑的样子 ②紧张口吃不能言语的样子 ③非常完备的样子 ④天经地义的事

二、“花笑”是指：

①花在枝头受风而颤动 ②花含苞欲放的情状 ③花开的模样 ④花谢而随风远扬

三、以下哪一句中的“笑”与众不同？

①夫子莞尔而笑 ②王笑而不答 ③淳于髡仰天大笑 ④辄有素绸一匹，以表微意，伏冀笑领

四、以下哪几句的“笑”并不是出于开心喜乐？

①以五十步笑百步 ②乐然后笑，人不厌其笑 ③兵为秦禽，智为楚笑

④毋使臣为箕子、接舆所笑

五、关于“笑比河清”，以下哪一句叙述不正确？

①黄河一向混浊，足见难得嬉笑 ②此语最初是用来形容包拯 ③语同黄庭坚诗“出门一笑大江横”④比喻人态度庄严，不苟言笑

六、笑柄、笑资、笑具等词顾名可以思义，就是指供人取笑的事物和话题，下列哪一个词也有相同的意思？

①笑刺 ②笑菌 ③笑林 ④笑科

七、下列哪一句诗里的“笑”字与他者不同？

①因招白衣人，笑酌黄花菊 ②可笑是林泉，数里无人烟 ③柳眉梅额倩妆新，笑脱袈裟得旧身 ④闲情正在停针处，笑嚼残绒唾碧窗

八、“笑矣乎”相传是李白《笑歌行》开篇的句子，但也是一种：

①治疗狂笑之疾的草药 ②饱含笑气的果物 ③麻痹神经令人不能发笑的矿

沙 ④食用后令人干笑的菌类

九、“天笑”是表述哪一种自然界的现象？

①刮风 ②下雨 ③闪电 ④放晴

十、“笑盐”是指：

①一种让人发笑的化学物质 ②不相识的人借笑谈为触媒相互融合 ③长者与子侄辈吟咏取乐 ④有人之间相约飨宴有说有笑

答案：①、③、④、①③④、③、①、②、④、③、③

旅

旅字的长途旅行

——一个字长途跋涉来到我们的面前，已经不是它出发时的模样了。

很多时候，旅行的严重后果是回不了家。

早些年我制作电视节目，和电视台管理道具的一位老职工结识，发现他是出生于南京的满族人，能说流利的山东话，也具备北方汉子爽直慷慨的性情。我老是蹭他手里的面食吃，有时也不为了充饥，反而带些向长辈撒娇的况味；吃两口，喊一声，我们都管他叫郎叔。多年以后，郎叔过世，他的女儿已经是一位杰出的演员和剧场导演了，也有个诨名，叫郎姑。

郎叔和郎姑父女情深不在话下，做女儿的总想为过世的父亲打磨一部剧作，能够体现父亲一生颠沛流离的境遇。在郎姑的初步构想里，故事还要能反映郎叔擅做菜、爱请客的手艺与情怀。她让我出点主意，先请了我一顿；我辜负了那顿饭，可是自己却想起了一个人物——如果在唐末，一个旅人，他叫韩熙载。

韩熙载也是山东人。父亲韩光嗣因罪坐诛，为人子者不得不逃奔江南的小王国南唐，历事李昪、李璟、李煜三代祖孙，名爵、资望虽显，可是始终不受亲信。知名的《韩熙载夜宴图》正是由于后主李煜对韩熙载不放心，派画院待诏周文矩与顾闳中潜入韩家，窥看其纵情声色的场面，之后心摹手追，绘制而成。

韩熙载处境之惨悄危微可知。但是，他所见证的旅情和客怀，却成为千古独树的标志。数十年后他重返北地，留下的诗篇，则道尽个中一切悲凉和无奈："我本江北人，今作江南客。还至江北时，举目无相识。清风吹我寒，明月为谁白。不如归去来，江南有人忆。"

千古以下的人们还能看到这一幅夜宴图，除了丽人笙歌，最显著的细节就是饮食。我猜想韩熙载夜宴桌上的许多食物大有文章，在画面最右侧出现的韩熙载的视线并不像其他人那样投射在演奏者身上，他出神凝视着的是几案上的一盘面食。

我想起郎叔，也总是从他亲手做的山东面食开始。吃那些在他乡遥遥不能相及、却勉为重塑的故乡食物，似乎是归不得也的旅行者终极的追求了。出走，回不去，吃——这一组辛酸的循环。

近年来每日报纸上一定出现的词汇之一是美食，之二是旅游，总之是进口出口，虽无关国家大计，却反映了人们最寻常的关怀——吃喝以及出走。

旅这个字有一二十个义解，端视用处而迭见变化。先不论语源上的探赜，单从一个看来比较晚出的意义来说，可以窥见此字后来的精神。在《后汉书 · 光武帝纪》里，已经有 ：“至是（到了这时候）野谷旅生，麻菽尤盛，野蚕成茧，被于山阜，人收其利焉（人们都来捡便宜）。”这里的“旅生”，曾经被训诂学者解释为“不因播种而生”，也就是说 ：谷类植物生长，殆非源于人力，而是自然界风生水起的力量所促成。由此可知，不一定是人们的行脚，就连施之于物类，发展到汉代以后的“旅”字，已经带有一种漂泊的情味。

字义走到“漂泊”上，是一条相当遥远的路程了。回到最初，在甲骨文里，可以轻易辨认出来（）：那是在一面大旗底下，有象征多数的两个并列的“人”，看来是某种群众之聚集。后来的小篆（）则将旗帜置于明显的左侧，右边的两个“人”上方原来的旌旗绦带变成了另一个人，看来更加整齐有序，但是这些个列队的人们并没有行动，更没有漂泊的意思。后人可以推想 ：古代的军事组织无论是《周礼》上记载的五百人一单位，或是《国语》里记载的两千人一单位——大概就是一支可以独力作战的部曲之意。

由于是齐聚，所以延伸出一种“俱”“同”“一起”的意思。《礼记 · 乐记》上记录了孔夫子的弟子子夏所叙述的音乐理论，其中有两句 ：“今夫古乐，进旅退旅。”如要翻成语体，大约如此 ：“这里所说的古乐，是一群人共同的活动，他们或进或退，步调都是一致的。”旅，成了“一致”的形容词。

“旅”的组织性提醒我们 ：此字不但有“众多”“齐聚”“一致”之外，还有“次序”的意思。次序感也就进一步涉及了“陈列”的内涵。我们读《诗经 · 小雅》里的“笾豆有楚，殽核维旅”就仿佛看见了陈列整齐的食具和食物。此外，人的脊椎骨环节相连，接合紧密，也可以用“旅”字表现，但是由于一字表意过多，有时不得不加以区分，所以本来的“旅”底下另外加上一个表示身体的形符——“肉”，而把本字作为声符，我们遂多了一个“膂”字。形容人健壮、力气大，到今天我们偶尔还会使用“膂力过人”这个成语。

另一方面，“陈列”各种食具、食物也有常见的仪式性质。无论是《周礼·天官》所记载的“王大旅上帝”，或者是《论语·八佾》所描述的“季氏旅于泰山”，都是把一个原本只有“将人齐聚起来”“将东西陈列出来”这样的动词锁定为专有名词，所指的就是祭祀。

行商被称作“旅”也是很早的事，他们不是今天我们常常听到的“单帮客”，而总是互相攀缘牵引，鸠结队伍，彼此照应，形成一种动态的陈列。也基于这个缘故，充满了异地感、陌生感的“客”字便渗入了“旅”中。大约是在这一动态意义的加入之后，“旅”出发了，游历了，“观谒”“参访”的意思也出现了，之后就越走越远了。

“旅怀日不同，客梦翻相似”是明代诗人李贽著名的诗句，我每于客中总会想起这两句诗，想起这样的诗句，就容易怀乡念家。但是转念再一思忖：一个“旅”字能够从一面大旗之下那个集结的、稠密的队伍里逃逸出来，浪迹天涯海角，多么不容易？浮生如旅，该出走时就出走。

字词辨正

旅人何在

一、“旅人”二字，除了行游在途、奔走在外，还有很多意思，但是不包括下面哪一项？

①古代掌管割烹之事的官 ②军中的干部 ③客居之人 ④众人，指庶民百姓

二、“旅距”一词不包括下列何者之意？

①两地之间的里程 ②结众抗争 ③抵住、顶住 ④矫健貌

三、“旅树”是指：

①路旁栽植的树木 ②移植他地的树木 ③在门道上竖立屏风 ④在道途中遇到障碍

四、古代与“旅”字有关的官名不少，“旅师”是指：

①国间使者 ②军中参谋 ③驿途官卫 ④征收及颁予谷物之官

五、“旅旅”是指：

①急迫不休的样子 ②经常发生的样子 ③众多的样子 ④从容优游的样子

六、古有“旅酬”一词，是指：

①行路费用 ②按次劝酒 ③送行敬酒 ④远途拜访

七、行进到某地之后暂作停留，我们可以用哪一个词汇来形容？

①旅息 ②旅寓 ③旅次 ④旅托

八、除了常见的解释，“旅”字也和人身上的一个部位有关，请问那是什么？

①脊椎 ②胸腹 ③腰胁 ④胫股

九、“旅生”是指：

①异乡的青年 ②行程中分娩 ③游学见习生 ④不播种而生

十、《论语》有“季氏旅于泰山”，此处的“旅”是：

①攻击 ②巡访 ③祭祀 ④播种

答案：②、①、③、④、④、②、③、①、④、③

工

工夫就是真功夫

——工字是个部首，辖下的字不多，却往往令人意外。

上个世纪六〇年代，父母亲卖了些首饰、以及一直攒在饼干盒里的军人有奖储蓄券，在桃园龙潭买了一块地。荒着过了近十年，有建商看上了，兴造社区，我们分得一户，可是却没有入住。

忽忽又是十年，我退伍之后没有工作，索性搬到乡下独居，日夜写稿读书，我的朋友当时都说我是“隐居”，我也颇为此二字自鸣得意。大隐隐于小市，不外懒散当家，仅有的体力活儿就是种花，以及打造木制家具。

那时社区就一条小街，临街数十爿店面，在超商还不太普遍的时代，有小吃摊、西药房、水电行、面包店以及简易菜贩，已经称得上一应俱全了。其中最引我注意流连的一家“名城木器行”，坐镇城头的木匠叫杨兆堂，算是我为期不长的师傅。

一开始的时候，我只是骑单车到他店门外停下来，跨着坐垫看他锯钉刨榫，除了点头招呼，他也不闻不问，由着我看，一看就是个把小时。日子久了，忽然指着门口一张显然是他自己打造的椅子，说了一声：“坐。”这是我入门之始。

初时请他给钉一张矮几，从取材到上漆，我一眼不肯放过地见习，很快地有了兴味，请他教我量木材、用电锯，甚至从敲钉到磨光的各种技法。自后便自己拿捏着各种工具，丈量室内和院子里举凡合宜的空间，做起大大小小的花架来。

有些时候他得出外到工地干活儿，我便代他看店，找边角料来做些小玩意。直到有一天，他到家里来替我量制新的书架——这是他第一次上二楼，忽然瞥见我的藏书，便说：“你读书人？”

我乱以他语、含糊带过——在我那一辈里成长的青年，有谁敢说自己是读书人呢？不料杨兆堂相当严肃地说：“怪不得我看你怎么学也学不好。”说完了，还摇了摇头。

日后我老琢磨他这话的用意，然而他毕竟是吉人辞寡，即使问，他也只是含笑不答，顶多一句：“读书也要花工夫啊！”

工夫，指时间，不是中国功夫的那种功夫。

初上文字学课的时候，老师在黑板上写了一“工”、一“可”两个字，随即各加以一“水”字偏旁，都是还算容易辨认的小篆。接着老师问了一个不易回答的问题：古人在造字的时候，是先有了字根，再加上声符呢？还是先有了声符，再添上偏旁的呢？

“江”“河”二字古时即用以表达长江和黄河，而非普遍的河流通名。两条最大的河流之所以得名，据说也与其水流之声有关。

工、可正是两个摹拟水声之字。

然而，在造字之初，是先写出一水，将河流的性质标明，再标出工、可来区别？还是先假借了现成的工、可两个字，以拟声之法表示两条河流，再各补上水旁？这是两套形声字的构造程序。老师却没有给一个标准答案。

我查了许多不同的字典，也找不到江、河二字究竟是先有左半边、还是先有右半边的答案——字典不会告诉我们“发明”是如何开端的。但是字典里的“工”倒引起了我的兴趣，它原来还是一个小小的部首。谓之“小小”，乃是因为跟从这部首的字很少。在常用字中，大约只有左、巨、巧、巫、差五个成员；而且都和工的本字字义有关。

工，本来是今人称之为曲尺或十字尺的工具，其形如字。在钟鼎文字里，“巨”（）就是一个人伸出手，执拿着一个相当半身大小的“工”，原本不是在表现“大”的意思，而是表现“矩”——一具衡量垂直与平正的基本工具，这是“巨”字不应该被归入“匚”部的底细。

至于“左”（），就是在工字尺的左侧伸出一只手来，这是象征在一旁帮助的意思，可见左手不是大多数人工作的主力。本义是“佐”，辅弼而已。后来被假借去指示方位（左右之左），只好加一个人字偏旁（佐），来回头表达本义。

这样的情形在中国字里不胜枚举，就连先前提到的“巨”也是如此；当它被“大”的意义假借去了之后，本字（巨）变成了一个只具备声音意义的符号，只好另外加一个“矢”字偏旁（因为“矢”

看起来还是很像一个人伸出手、拿着工具；同时，矢是箭，也具备“直”的性质)，于是规矩的矩字就复杂起来。

“巧”字的右半边是个“丂”，本来它是一个表达“技艺”的字，看一道向上喷出的气，遇上了横亘于顶的“一”，再也不能逾越，表示某种技艺到达顶尖，没有再高明的了。很抽象，也很能引发想象力。这个字在《说文》书写的东汉时代可能还独立存在，可是逐渐就被加上了工字偏旁的“巧”所取代了，因为原本用那“气上出而碍于一”以表达“艺事登峰造极、不可超越”的诠释太迂曲费解，索性加个“工”字在一旁，让右边那个“丂”专管表达字音，还来得明白些。

此外，“巫”字从工，却很可能是字形同化的结果。我们看小篆中的“巫”()很清楚，上有几案，下面是捧着祭拜所用之玉的两只手，明显是表达巫在祭祀中所做的事。可是，在《说文》里，几案和玉简化成了“工”，而左右两只手又都简化成人，解为“祭拜之时巫祝相对”，也算说得通。

工部之字里最不讨喜的是“差”，差字的上半部像是一只无尾羊(实则原字为“乖”)，下半部是简省了的“左”——无论乖或左，都有不顺、扭曲的世俗用意，可惜没有负负得正，别扭到家，真是差!

至于“功”，此字和“工”字关系密切，且经常通用，却不属于“工”这个小小的聚落。一般的字典将之归属于“力”部，为什么呢？我只能穿凿猜想：时间是一种巨大的力，它只有一个运动的方向，不可逆转；而欲造就事功，非得累积这无与伦比的巨力不可；而且，在一段漫长的时间里，若要成其功，还分不得神，这是我会想起我的木匠师傅杨兆堂的缘故。

字词辨正

工字的小聚落

一、“工师”在古代很常见，意义却很多，不过，除了工匠、工程师之外，并不包括下列哪一个意思？

①官称 ②专家 ③乐师 ④复姓

二、“女红”一词的“红”字应该读作：

①工 ②红 ③拱 ④缝

三、“工市”“工布”所指是同一回事，那是什么呢？

①古乐谱记号 ②古商业簿记 ③古匠人器用名 ④古剑名

四、汉高祖以行猎比喻战阵，诸将皆功狗，只有谁不是？

①萧何 ②张良 ③陈平 ④韩信

五、“功状”的意思是：

①褒扬立功者的文书 ②军事人员的勋奖记录 ③报告立功情况的文件 ④一般工作的业绩

六、“巨”这个字的部首是“工”，而不是“匚”，因为：

①巨物不容于匚 ②“巨”字本义就是手拿十字尺 ③伟大的事功少不了工匠 ④工人为数巨万，众志成城

七、在指认方位的时候，常用哪一个字表示东方？

①上 ②前 ③左 ④右

八、“巧宗儿”是指：

①极为偶然而恰切 ②机会难得的好事 ③计划或谋略非常细密 ④手艺十

分精妙

九、“巧发奇中”是形容人的哪一方面高明？

①精于射箭之技 ②长于卜算之术 ③善于言辞判断 ④工于设计制造

十、以“差”字形容病况，是什么意思？

①病势加剧 ②病况平稳 ③病体不支 ④病好了

答案：②、①、④、①、③、②、③、②、③、④

幽默

幽默之余妙趣多

——后来，我们笑了；因为经过一点思索。

那年我十七岁，还是个高二生，跟着一位读三专广电科的邻居大哥，到他实习的中华电视台参加一个短期课程。多年后依稀记得，内容包括赵琦彬先生主讲的编剧技法，以及李至善先生主持的电视制作实务。两位先生都提到取悦观众——他们的说法是：让观众乐。

“怎么让观众一乐？”

带着我们一堂十几个人参观摄影棚的时候，李至善先生忽然停住脚步，跟大家说：“天底下最聪明的人都在这个圈子里，就是为了让观众乐。可是让人乐的人自己不但不能乐，还得比什么人都觉出事情的难受来；不然，他就不算聪明了。”赵琦彬先生的话也差不多：“编喜剧，得先明白一个道理：就像挠痒痒一样，痒是不舒服的，所以挠了就舒服了。”

两番话都是绕着弯儿说的，可是出现在同一天的连续两堂课里，比对思之，就连天底下不太聪明的我都明白了。

两位先生说的是：引发喜笑的过程之中隐含着令人不愉快的本质，必须认识到那本质，并将之深深掩藏。藏得越深，越能够反衬出那不愉快的本质和喜笑之间的荒谬性。说相声的人总爱把笑点比喻成“抖包袱”，包袱没抖开，决计不知其中何物；抖开了，必然带来意外与惊奇；而意外与惊奇之尤者，应该就是无视于那掩藏得极深的不愉快。人都说小丑笑中有泪，乃是那小丑必然已经参透了他的难受。那难受，恰恰就是他被所有的人痴笑鄙夷的处境。

林语堂将“humor”一词译为“幽默”，一时聚讼纷纭，然而这个译法，自有其时代背景。在他眼中的当代，文人仍脱不了那种“断然行仁行义”的刚性风气，有如宋儒之程伊川，而极度缺乏苏东坡式的“一种宽容的看法”，是以他一生多次撰文，就是希望能够将他理想中的humor风流，注入国人日常“脚踏实地，归真返璞，切合实际”的生活与修辞之中。

“幽默”成为humor的中译之后，它原先在古汉语里的意思就消失了。“幽默”的现代意义是林语堂硬生生捏造出来、欠缺历史积淀，却生机盎然的一个词。原先古语中的幽默二字所指称的“沉寂”“昏暗”，早就由于文本不彰于时人之耳目，而奄奄一息。于是新的、表现“谈吐诙谐有趣，引人莞尔”的意思遂完全占据了这个词。

林语堂借翻译之功发明此词，颇为费力，他还要把这个词的高贵价值确认下来。由他的自传第九章中所论可知其辛苦：“‘幽默’

一词与中国的老词儿‘滑稽’，两者颇多混乱之处。滑稽一词包括低级的笑谈，意思只是指一个人存心想逗笑。我想使幽默一词指的是‘亦庄亦谐’，其存心则在于‘悲天悯人’。”

林语堂一厢情愿地认为西方人所认定的“幽默”比较文明而慈悲，而忽略了“发噱”“诙嘲”“笑谑”难保不作轻鄙之言，这是举世都不能免的。但是林语堂本人的经历用心却难能而可贵——他曾经提及下面这一段为了捍卫“幽默”的格调的经历：“我在上海办《论语》大赚其钱时，有一个印刷股东认为这个杂志应当归他所有。我说：‘那么，由你办吧。’……这份杂志不久就降格而成为滑稽笑话的性质，后来也就无疾而终。我后来又办了《人间世》和《宇宙风》，同样以刊登闲适性的小品文为特色。”

至于因发明了“幽默”这个词儿，而被封以“幽默大师”，林语堂也不认为自己是“第一流的幽默家”，而不过是“在我们这个假道学充斥的国度里，第一个招呼大家注意幽默价值的人”。这价值，就是在大家都发着热狂的时候，保持一点距离，保持一份超然的冷隽。

中国人也说好笑的事，讲有趣的话，也另有语词状之——只不过并没有被推广成一种国民行为；它存在于文化教养较高的阶层，其特色就是在热情、热血、热衷的人群之外，保有一份摆脱情绪的冷静。林语堂举苏东坡为例，就是最好的示范。如果要用中国词来形容，“诙谐”与“隽永”则庶几近之。

灰是诙字的声符，笑言取乐与“灰”字何干？文字学家解得很妙，认为火灰是一种“其质虚浮，其色黑白无定形，讥戏之言多如此。”此外，心字偏旁的“恢”又可见广大、宽容的含义，故知林语堂拈出“一种宽容的看法”自有其来历。“谐”取义在“和”，古语“谐臣”（乐工）、“谐奴”（俳优）都是指在宫廷中以和取乐的人，近于 jester，所以“谐言”“谐句”也多指风趣之谈，唯有“谐妻”一词，是指“和顺的妻子”，这种人今世已因政治不正确而绝迹，故此词应该已经沦为负面用意了。

“隽（雋）”（音“眷”）本义为“鸟肉肥美”。也因为用鸟形（）做箭靶，而有了中式、中选——如“获隽”“隽了个秀才”这样的词。当“隽”字读“俊”的时候，指才德超著，以及克敌制胜了。此字另一个音读若“醉”——是“槜”字的省文；是今日浙江嘉兴附近的一个地名：隽李。不过，这都与“隽永”无关。

隽永，从肥美的鸟肉想起。当食物引起回味，而且回味的时间足够长远，是不是也能够引起话语横生妙趣的联想呢？是的，言谈令人回味，我们也会如此形容：“有妙趣。”——“趣”这个字，原先只有“急速行走”“迅速就事”的意思，而后引申成“具备意义”（旨趣），“格调”（雅趣、佳趣、甚至恶趣）。可见老古人不只会搞滑稽，我们说起可笑、好笑之事来，层次依然丰富。

字词辨正

趣笑发于幽微

一、作为形容谈吐诙谐有趣，引人莞尔的一个词，“幽默”是谁先使用、倡导的？

①辜鸿铭 ②鲁迅 ③林语堂 ④蔡元培

二、“幽默”在古汉语中原本是什么意思？

①沉寂、昏暗 ②深远、凝重 ③玄妙、安静 ④孤独、寂寞

三、下列哪一个词中的“谐”字与其他的不同？

①谐臣 ②谐奴 ③谐句 ④谐妻

四、“诙”字常用来形容笑言取乐，意近：

①滑稽 ②宽容 ③辩论 ④轻鄙

五、“嘲”字读作“巢”的时候，没有下列哪一个意思？

①讥笑 ②歌唱 ③挑逗 ④嘈杂

六、“嘲”字读作“招”的时候，没有下列哪一个意思？

①乐器声 ②谑笑声 ③鸟鸣声 ④说话含糊不清

七、“趣”字起源与下列何者无关？

①疾速行走 ②迅速赴事 ③引人发笑 ④具备意义

八、下列哪一句古语中的“趣”字有催促之意？

①趣民收敛 ②趣狱刑，无留有罪 ③数使，使趣齐兵 ④以上皆是

九、以国音辨认，“隽”字没有下列哪一个读音？

①携 ②俊 ③醉 ④眷

十、“隽（音‘俊’）客”是哪一种花卉的雅称？

①枣花 ②橘花 ③梅花 ④竹花

答案：③、①、④、①、④、②、③、④、①、②

菌

相邻幽菌亦天涯

——以菌字造词，今日最常用的是“细菌”，但是它出现最晚。

少年时代听广播电台里一位化名叫“胡云”的老先生说评书，喜欢说几句故事、夹几句议论，有时候一发刹不住车，意见比情节多得多。对于急着“欲知后事如何”的听众来说，那是很折磨好奇心的事。

然而有些时候，说书的发挥奇想，辗转高谈，旁及书中人物的曲折心思、幽微怀抱；乃至于看似寻常散碎事物内在草蛇灰线一般的影响联系，往往比浮荡在故事表象上的前因后果更为动人。回想起我上小学之前，晚饭后听父亲讲的《三国》，似乎就没有胡云所说那么多细节，也没有那么多感慨。

有一回，胡云说到了孙策死后，孙权承孙策遗命，掌江东之事。人事经理尚在惶惶未定之际，周瑜从巴丘提领部队回来奔丧，他向孙权举荐的第一人就是鲁肃。

原来早些年周瑜在居巢地方驻扎的时候，手下率领了几百人的一支小部队，缺粮米，不堪饥馁，听人说临淮东川人鲁肃家极为富裕，经常散财米以济贫乏。

到底有多少米堪称“极富”呢？胡云在广播里自问自答，从收音机里放送出来的声音是：“两‘军’米！那就是两大仓啊！一‘军’三万斗，两‘军’六万，可不得了……”接着，就说到鲁肃的性格。

胡云为鲁肃大打抱不平，说起戏剧里塑造的鲁大夫过于木讷、拘谨，对比起周瑜的聪颖洒脱、诸葛亮的机谋洞明，甚至还透露着一些畏缩。其实，鲁肃之为人，慷慨豪迈，有古君子之风；正因为他具备这样的性格，才能在东吴与西蜀之间折冲斡旋，既不失为人臣的节度，又能够掌握合纵的技巧。这番议论，着实令我对鲁肃的观感焕然一新。

而我却一直不明白，为什么三万斗粮食算一“军”？

直到大学之后自己读了足本《三国演义》，才知道那个“军”字是我的误会，胡云所说的，是“囷”，仓也。三万斗即三千斛，一家之人，能存放这么多的粮食，还拥有这么大的仓库，可见慷慨豪迈的性情还是有其物质基础的。

囷，原意是极大的仓储之地，可是加上一个草字头，怎么就变成极小的微生物了？

以“菌”字译 germ，声义两洽。“菌”字原本和微生物无关，其间有一个漫长的发展过程。

原初的“囷”（读若“君”，也可以读成君字的三声），是一种周边呈圆形的谷仓。看它的外形可知：一个巨大的圆框，里头装满了禾稼，虽然甲骨文里尚未出现此字，陶文“囷”（）却还保留了它。到了小篆、隶书以及日后的楷写，就逐渐形成了方笔的“口”（）；用这个字造起词来，无论是囷京、囷鹿、囷窖、囷廪……除了仓库之外，没有旁的意思。

直到魏晋时代，我们最早能够从左思的《吴都赋》里读到“重葩掩叶，轮囷虬蟠”的句子。显然，这是文学家自铸新意、改变词性、唤起物象的手笔。所以日后唐代杜牧写《阿房宫赋》的时候，也仿效前贤，创造出“盘盘焉、囷囷焉”的语词，两者都扩充、改装了仓库，使之形容屈曲回旋的样貌。这时，原本的仓库就毁弃了，那些囷京、囷鹿……在常民语言世界里大约就是死了，骨灰存放在有如集合式灵骨塔的巨大字典里，全然不见天日。

为“囷”字加个草头偏旁，使之表述生长在阴湿之处的伞头形隐花植物，也是因为“菌”的形状与古老的“囷”接近——菌伞为仓顶、菌身似仓壁，具体而微。

除了指称实物的菇菌之类，菌字尚有微小之义，这可以从《山海经》上所记载的小人国得知，那样的小人就叫“菌人”。晚近首先以“菌”字译 germ 的博物学者一定读过《山海经》。

由于生长之地阴湿幽暗，菌字在古典文献里也有郁结、隐蔽的引申义。

《墨子》一书中指导防御作战时就说：城外接战之地，凡是弓箭可以射及之处的墙垣等建物通通要拆除，以免“客菌”——客者，敌也；菌者，掩护躲避也。可见菌字字义的变化还不少。此外，由于形体接近，草头的菌也通竹头的箘，指竹，也指笋（筍），这种字义完全无关的讹写，则一向不会被视为错字。

菌种多矣，而年寿不永，大约也是因为野地里吃菌子的动物不少。《庄子·逍遥游》上知名的句子“朝菌不知晦朔，蟪蛄不知春秋”所状者即此。蟪蛄，蝉的一种，即俗称的寒蝉，也叫伏天儿，春生夏死，夏生秋死。朝菌和蟪蛄都是生命短促的生物，“菌蟪”不只在森林里是邻居，在这个词上更有孪生相应之趣。

老旧一点的植物学教材上会这么说：菌是菌类生物的全称，而蕈（读若“迅”）则是指菌挺出的子实体（繁殖体）。这分别和中国古代的博物学家异曲同工，老古人以为字异则义必不可同，于是强为分别，以生于地上者为菌，生于木上者为蕈。今天的生物学者好像也不一定如此立论。

至于蕈这个字是怎么跟菌结成一个语言家族的？看来史无确证。古代陶文里的蕈（），原本是“生长在桑树上的木耳”，之所以与“菌”亲密起来，必与古人食用此物的感觉经验有关。因为“覃”字的小篆（）原本是上边写个“卤（鹵）”（滋味）、下边写个“厚”（悠长），形容的是“味厚”的境界。后来由于“隶变”——也就是通行隶书之时，将某些笔画近似的初文加以省简、统整，其中一个变貌就是原本意义上天差地别的字，由于形体接近，竟然变成同一个字了；在这里，“厚”字成了“早”字，就是基于这种缘故。

毋论“蕈”是不是“菌”的一部分，也毋论两者是不是生长在树上或地上的差异，总之是因为吃起来余味深长而结合。蕈字的字根“覃”也是一个读音繁复的姓氏，可以读“寻”，可以读“勤”，也可以读“谈”，可是本家来历遍及陇西、蜀中以及岭南，并非一家子，彼此也毋需争论姓氏的正确读法——字如其物，人亦相别而相亲，信然。

听我父亲说《三国》是五十多年前的事，听胡云说《三国》也有四十多年了。我在二十岁以后才仔细读《三国》，始终觉得能够养成对所闻、所说、所写、所用之字保持着一种像是对人的敬惜、眷恋之情，会须发自对于不识之字的好奇或不安。我该说是这个大大的仓库、小小的细菌之字所带来的疑惑所启迪使然吗？或许是的。

字词辨正

像菌一般生长

一、哪一个词汇不是粮仓？

①囷京 ②囷庾 ③囷鹿 ④囷轮

二、“囷囷”是什么意思？

①曲折回旋状 ②捆束聚拢状 ③微物丛生状 ④杂乱纷纭状

三、作为堆积谷物的设施，“囷”的形状是：

①方形 ②圆形 ③锥形 ④多边形

四、“菌人”是指：

①骯脏之人 ②矮小之人 ③群聚之人 ④阴险之人

五、“菌蟪”原本指朝菌和蟪蛄（一种体短、喙长、黄绿色的蝉）两种生物，此二字合成的词则表示：

①声名掩藏 ②环境阴湿 ③生命短促 ④人格卑下

六、“细菌”之“菌”是后起的翻译词，此字原本除了指“蕈菇”之类的植物之外，还有许多意义，但是不包括下列何者？

①侵害 ②郁结 ③隐蔽 ④竹笋

七、植物学上“菌”和“蕈”有分别吗？

①蕈为全体，菌为子实体 ②菌为全体，蕈为子实体 ③菌生于木上，蕈生于地上 ④菌无毒，蕈有毒

八、“覃”字起源与味觉有关，是指：

①酸辛 ②苦涩 ③滋味悠长 ④难以下咽

九、作为姓氏的“覃”字，没有哪一种读音？

①寻 ②谈 ③秦 ④但

十、“覃思”是指思考之：

①细 ②浅 ③深 ④杂

答案：④、①、②、②、③、①、②、③、④、③

叁

见平生

控贊

你什么控？我赞了！

——中国内地、台湾地区，日本分别选出了当地二〇一一年的代表字：包括“控”“赞”“绊”以昭大局；两岸网友还选出了“微”字。

从一九九五年起，“今年的汉字”成为日本年节典仪之一，乃是由汉字能力检定协会向日本全国征集一个代表性汉字，来表现当年度世态人情之大宗。

经由投票选出的汉字会在十二月十二日——“汉字日”——在京都清水寺公布，由该寺住持当众挥毫，写在一张大约一米半见方的特大和纸上，之后，再供奉于清水寺的千手观音菩萨尊前。

从开头的几年看来：“震”（一九九五年阪神大地震）、“食”（一九九六年学生午餐集体食物中毒）、“倒”（一九九七年金融风暴，大企业、银行相继倒闭）、“毒”（一九九八年和歌山毒咖喱事件以及一连串的模仿犯）、“末”（二十世纪的最后一年，世纪末），这些单字所指涉的年中大事回顾，都不是什么好事，可是这个一反东方人开春求吉兆、讨喜气，甚至带着严肃冷讽意义的仪式却在汉字文化圈掀起了仿效的涟漪。

于是一年一字重新开启了传统训诂学的门径，一个字不再是固有的形音义，还包含了人们对前一年的殷殷回眸。那一年（公元二〇一一年），华文世界选出来的年度字有“控”、有“赞”、还有“微”。

为什么是这三个字？历经岁月的磨洗，几十年后也许没有人会记得，可是当下的我们都会心一笑了，那是手机界面、脸书、微信朋友圈方兴未艾的时代，不过跨年前后，无分男女老幼，一指同划，世界的风景完全变了。我们都开始不由自主地成为全天候的信息制造者和接收者。

很多字古已有之，忽然间产生了新用法，扩充了新意义，这事越来越常见。我还在念大学的三十多年前，报纸上偶见耆宿学者投书，指斥年轻的世代胡乱糟践文字，举过“秀”为例子。撰者以为：依据小篆的字形，“秀”（）就是“禾实下垂貌”，引申而指各种草花，以及人才中颖异美好、清丽特出的，大约已经是此字表义的极限了。见有人在报端以“秀”字表“show”之义，居然有不可思议之叹。孰能料：三十年风水轮流转，当年叹称不可思议者，而今也被视为不可思议之人——在生活里，“秀”字最广泛的用途反倒可能是指称“show”了。

这就是中文不再大规模造字之后的一条变通蹊径，同音通假，方便制宜，如果运用时音、义都能照顾，让很多外来字反而都有了汉字的根据。二〇一一年内地选出的代表字“控”就有这个趣味。

在日常中，“控”字多见于控制、控管。此外，也源于《诗经》这一类的古典作品，使后人得知：原来“我行其野，芃芃其麦。控于大邦，谁因谁极”也告诉了我们：两千多年前，古人就用这字表现“奔相走告”了。

北省方言中也经常听到：“把菜篮里的水控干。”尽管寓意丰富，我们仍然禁不住以英文字义渡越而来，使“控”字别具新解，来表达“近乎受迫性地做某桩事，特别是与网络发言或交友有关的活动”。遂有“微博控”“脸书控”“推特控”这一类的话，这里头还使用了英文文法——

我在一九九七年赴美国爱荷华（通译名为艾奥瓦）州参访，听见一位农场主人指着躺在谷仓门口晒太阳的猫，骄傲地说：“They are the best mouse-control.”当时便觉得“鼠控”一语神乎其技，有极好的文言文风味，不意这个“control”后来毕竟还是汉化了。

也就是说：一个在主动句式里惯例作为主词的名词后头紧跟着一个动词，但是却作为被动句的用法。猫控制鼠，却以鼠控二字形容猫；同样的道理，原本明明是人操纵着电脑和手机，却由于离不开这些界面，而为其奴役，便形成了类似于“鼠控”这种构词方式的倒装词。

与其说“控”字所反映的是一种社会上的不安之感，不如说电脑和网络的普及为这个“控”字带来了最大范围的掩护，以这字代表社会的共同感受，并不只是觉得身受环境约制，而是出于自主的个人也实在有不能自主的处境——非上网不可吗？好像是的。

同样地，“赞”恐怕也不是指台湾人多么满意自己的生存环境，非借此字歌功颂德一番不可。事实是：过去的这一年里，太多人又加入了脸书，成为无数个不断扩大的社群分子之一，人们在这里方便、迅速并且量化地交友，鼓舞人气，忙碌互动、殷勤往来，毕其功于“按赞”。“赞”——在英文版脸书里就是“like”，一指轻敲，万般意绪，很难说含藏着多少鼓励、多少温馨。不过，大部分的时候我们可以这样解释：按了“赞”，就算是了了一笔人情账，用一种“要言不烦”“无声胜有声”的表达，与人为善，顺便掩饰了不能细说真心话的懒惰。

跨年送去和迎来的字里，“微”字的故事不少。最有趣的和科考有关。古无照相术，为防考场中有瓜代之事，必须翔实填写“面貌册”，也就是以文字记录长相、以供入场盘查之用。

有一秀才留了些许胡须，面貌册上填的也是“微须”，临门却被斥逐出场。秀才不服，争辩起来。仗势欺人的考场门吏刁难道：“你枉读经书，难道不知道朱注《四书》解‘微’为‘无’吗？”的确，“微管仲，吾其被发左衽矣”是这么说的：“要是没有管仲的话，我们早就变成胡人的装束了。”这么一来，“微须”就硬生生给解作“无须”了。秀才立刻抗声笑道：“如果这样说，《孟子》里说孔夫子‘微服而过宋’，就是说孔老夫子是脱得精赤条条才去宋国的吗？这样像话吗？”那门吏一听，登时傻眼，“微须”之辩遂息。

一字多义之趣就在字同而义不同，越是具有“大时代”代表性的字，似乎越应保留这样的歧义，好让互持异论的人各自安心。

字词辨正

这一年，我们一起用的那些字

一、唐代有“控鹤府”，五代有“控鹤军”，宋代有“控鹤监”；执掌各异，却都是宿卫近侍之官，试问“控鹤”是指：

①掌管丧事仪礼 ②收管皇家动物的特权 ③得道成仙 ④能调教四方来人习歌练舞

二、作为动词，“控”没有以下哪一个意义？

①出外走告 ②驾驭 ③倒执容器，使液体与器中之物分离而流出 ④挖取 ⑤敲打

三、“控弦三千”一词中的“控弦”是说：

①猎人 ②马夫、车夫 ③士兵 ④地方官吏所属百姓 ⑤指挥官

四、宋、明以下的“控辞”是什么？

①辞职书 ②申告、起诉书 ③判决书 ④介绍信 ⑤申请书

五、赞，原义是赞美、颂扬，但是也可以表达“感叹”“佐助”“解释”等意思。那么“赞路”一词该怎么理解呢？

①唱哈利路亚的圣歌 ②吆喝着替人开路 ③专为朝廷歌功颂德的机构 ④赞助他人川资旅费 ⑤在外显扬名声

六、“赞者”通常是指典礼上的司仪，那么“赞老子”呢？

①盗贼 ②苦主 ③典礼中地位最高之人 ④发起并资助礼仪的金主

七、“微服”是指：

①为隐藏身份而改换便服 ②为隐藏身份而不穿衣服 ③因衣服寒伧而不敢出门 ④因心态保守而不穿过于时髦的衣服

八、“微至”是指（※ 本题复选）：

①根本没有来（不可能来）的意思 ②几乎正中目标 ③细致、精妙 ④稍稍接近了一点 ⑤车轮正圆，着地面积小

九、“绊”字字义很集中，多指拴缚、缠束、牵制、受阻，但是也用来表述以下哪一种东西？

①井绳 ②篮、罐提索 ③衬底的裳裙 ④绑腿 ⑤抽打牲口的皮带

十、台湾二〇一〇年的代表字是“淡”，那么，这一句古典小说里的对白是什么意思呢？“三婶！你这两日怎么淡了？”

①不见踪影 ②不闻声响 ③情绪低落 ④形体消瘦 ⑤意兴阑珊

答案：③、④、③、①、②、①、①、③⑤、②、④

愛

爱的光谱何其宽广？

——没有这个字，很多事不会开始；但是，它到底是从哪里来的呢？

口语随时代而变异，在生活的最表面，往往显而易见，可是大部分的人却习焉不察。比方说，我常常在电梯里听陌生人话家常，动辄会说：“这我超爱的！”或者是：“他就是不爱了啊，你能怎么办？”或者是：“我就问他啊：爱吗？爱就去啊！”或者是：“信不信：那就是真爱！”

我们这一代人在读书的阶段，也受过老师们的鼓励：要把内心的情感勇敢地表达出来，尤其是“爱”。可是回头想想：这个字，我没有听我老娘说过一次；我的父亲可能说过，但上下文应该是这样的：“别问我，爱干吗你就干吗。”

我甚至还清楚地记得，有一回看见电视剧里的小姑娘抱着狗儿直亲，一边说“好可爱啊！”的时候，父亲还叹了口气，说：“肉麻得很。”有人颇不以我父母那一代人之不擅表情为然，以为是过度的、集体的压抑所导致。

不惯于（特别是在公开的场合）口头传达情感，几乎成了一整代人的偏执，而这种“选择性的失语”，似乎也多多少少影响到我这一代。要不是受好莱坞影视作品动不动就来上一句“我爱你”的启迪，我很难想象还有什么原因能让人张嘴示爱。

今之口语用“爱”字，不论是基于血缘、情欲、友谊、怜悯……所付出的情感，都和这个字原本的意思有一些距离。

现有的甲骨文资料中没有“爱（愛）”这个字，不过，它顶上的一撇三点却有钟鼎文的来历。文字学者一向认为这个字形是个“无”（音“记”，）字，是一个跪坐或站立的人平视前方（或转头向后）且发出叹息的模样，这个字符，在《说文古本考》中，解释成“加惠于人”，也就是怀抱着对他人的怜惜、体恤，而欲施之以福的意思。在《正韵》里，解释“爱”为“仁之发也”，字形也可以写成上面一个“无”、下面一个“心”。

叹息是关键。从大量先秦的经史记载看来，爱字最初的叹息，包含了一种较大范围、也较高层次的感情，甚至还演化出挺身捍卫的语意，而未必及于人际的情欲。《韩非子》所谓：“剑可以爱身。”这爱，直解即是障蔽、护卫。

公元前五二二年，孔子大约三十岁的时候，听说郑国的先贤子产过世，便哭着对人说：“古之遗爱也。”这件事具载于《左传·昭公二十年》，文中的“遗爱”也不是后世形容那些生前遗留资产、普施恩泽之人的意思。孔子所说的遗爱，是指一种来自理想的古代社会所塑造的人格典型，也就是仁德之人的代称。

与孔子并世而年长的老子说过："是以圣人自知不自见，自爱不自贵。"这话里的爱，是"尊重""善养"的意思，也没有后人"喜欢"的用意。孔子过世之后一百年，到了孟子的时代，孟子针对以牛血衅钟之礼存废如何而与齐宣王展开辩论的时候，也用了这个"爱"字。当时齐宣王看见殿下即将被屠的牛浑身发抖，显然有畏死之意，便要求换一头羊，孟子说："百姓皆以王为爱也，臣固知王之不忍也。"这里的"爱"字，由于是和"不忍"相对立言，甚至还包含了吝惜、吝啬之意。

当我们回到字本身来看：当人们出于不忍仁之心、自然而然发出了叹息，表达同情、显现怜悯，这是爱的出发；而且看来与《圣经·哥林多前书》"爱是永不止息"之语完全吻合。因为到了隶书中，爱字的下方多出来一个"夂"（音"虽"），夂，行也，慢慢地走；加上这个字符，更强调了行之不已、施之不息的用意。

可是，又为什么要叹息呢？无非出于悲悯，所以这个字，一开始离男女相互悦慕的情意还有一段距离。《论语·八佾》记述：子贡认为鲁国国君已经久久不行告朔之礼，何必还要拿一头活羊杀了上供呢？孔子的答复是："赐也，尔爱其羊，我爱其礼。"这里的爱，也还不能解释成喜欢，而是舍不得的意思。

倒是佛教传入中土之后，爱字应用得灵活而广泛起来。爱字底下加上其他的名词，形成丰富的意象，也将这份咏叹的情感收束而集中到爱恋和情欲。"爱水"，是人身上因情欲而产生的津液。贪恋美食，即出馋涎；心忆所欢，便流眼泪。于是《楞严经》把大量的水、汹涌的水拿来比喻情欲，说人受其陷溺的苦楚：“爱河干枯，令汝解脱。”《楞严经》上还赤裸裸地说：“心著行淫，男女二根，自然流液。”这是限制级的洞见。

至于“爱火”一词，则见于《法苑珠林》所引的《正法念经偈》：“薪火虽炽然（燃），人皆能舍离；爱火烧世间，缠绵不可舍。”其他如“爱海”“爱网”“爱染”等，都是从佛家语对于情欲之谨慎控管而来。大约只有“爱果”一词，指的是爱的果报，不完全从克制情欲的观点铸词。不过，设想因爱情而烦恼的众生，想想这个果，大约还总觉得是苦的。

汉字还有一个特性，就是同一个字可能有完全相反的两种解释，旧称“相反为训”，像是“臭”不见得不好闻，“其臭如兰”的臭，就是香。“爱死”当然不是想死，解释起来却拐了一个弯儿，成为珍惜生命。不过在杜甫的《岁暮》诗里，这个弯还要多拐一道：“济时敢爱死？寂寞壮心惊。”

爱字的光谱是很宽的，从大爱到私情，甚而从有情到无情，都可用此字表示。你爱太阳吗？爱日绝对不是爱太阳，而是说珍惜时间或珍惜奉养父母的光阴。此外，冬阳难能而可贵，所以“爱日”也是冬天的太阳。

在口语上还有容易趋近于某种变化，比方说：爱困、爱坏，指的是人疲乏欲眠、水果容易腐败。爱字也总被用以形容人们经常从事的某种行为，比方说：爱哭、爱闹。这里的爱，甚至都与情感无关了。韩国的国花是木槿花，这花也叫喇叭花，也叫佛叠花，也叫篱障花，还叫“爱老”。木槿花朝开暮落，它真的爱老吗？不至于罢！

字词辨正

你懂得爱吗？

一、《孟子》上这一句：“百姓皆以王为爱也。”“爱”是：

①喜欢 ②施恩 ③吝惜 ④被尊敬

二、《韩非子》有云：“剑可以爱身。”这里的“爱”又是什么意思？

①伤害 ②障蔽 ③追随 ④疼惜

三、今天的口语“爱死”，是极爱的意思，可是它原来是指：

①自我毁灭 ②不惜牺牲 ③珍惜生命 ④慎终追远

四、“遗爱”之爱，是怎样的一种爱呢？

①思念 ②疼惜 ③眷宠 ④仁惠

五、以下何者不专指情欲？

①爱果 ②爱火 ③爱水 ④爱河

六、“爱树”是用来称赞：

①好官吏 ②好老师 ③好工匠 ④好丈夫

七、从字面上说，“爱老”是敬爱老人；但是这个语词又是哪一种植物的别名？

①木槿 ②木桃 ③木兰 ④木瓜

八、“爱日”是指哪一个季节的太阳？

①春季 ②夏季 ③秋季 ④冬季

九、“爱口”的意思是：

①说话唠叨 ②出言慎重 ③口齿伶俐 ④修辞甜美

十、这孩子“爱哭”的“爱”怎么说？

①喜欢 ②经常 ③吝惜 ④习惯

答案：③、②、③、④、①、①、①、④、②、②

父

一个亲爹天下行

——爸爸就一个，可是叫爸爸的方式真不少。

事理人情有多么大的变化？实则没什么。父母、子女，师长、学生，前辈、后生……尽管下一代总是显得比较活泼、比较叛逆、比较有主张；然而，社会的稳定秩序一般还没有遭到多么严重的挑战。

可是，除了流年——我说的是在转瞬间就逝去的三十年、四十年、五十年——还有什么是暗中偷换的呢？我第一个想起的，是一句日常语，一个称呼。

犹记得小学一二年级开“家长会”“母姊会”（这种会面的名目，时下已经改作“亲师会”了），老师对每位家长的称谓都是：“张先生”“李女士”。也就是说，老师是把家长当成社会上的一般人士在对待的。这至少意味着，老师和家长是以两个成人的身份在相互对话。真要细究起来，老师（尽管可能比家长年轻）的地位可能还要高些，因为家长通常为了表示尊重之意，总是随着孩子称对方一声：老师。

家长对老师的称谓一直没有改变；但是，曾几何时，老师称呼家长却换了说法，变成：“宝妹把拔”“瑞瑞马麻”……人不以为异，我也从来不敢有什么异议。只不过每当我孩子的老师、以及孩子同学的父母，一口一声这样叫我，而且一叫十多年：“张容把拔”“张宜把拔”。这四个字听在耳朵里，我总会觉得自己被带回了一个还在读幼儿园的时代。答应着那样的呼唤，我们这些成人看似都暂时脱离了一部分成人的身份——至少“把拔”听来和“北鼻”的年纪相去不远；于是，家长和孩子一样天真烂漫、未经世事。这是一种集体的意识或潜意识吗？或者，汉民族终于找到了向原住民达悟族学习其伦理观念的孔窍，新生儿呱呱落地，老子就改了常称呢？

一般说来，妈、爸不就是中国人最早理解和会说的两个字吗？但是文字学上的发展却不那么简单。今天我们的字典不是将“爸”字归于“父”字部首，就是归于“八”字部首。可是从汉字发展轨迹看来，其中还有更曲折的变化。

文字学家高鸿缙在《中国字例》中以为：在甲骨文中，“父”（）原本只是一手持一杖，这就是“把”字最初的字形，意思就是“治事”。

这个持杖的形象和父亲的形象也接近，父亲又是“持家”之主，于是，以手持杖的这个字形就借去给“父亲”的概念来表义，而必须另外加一个“手”字形符，作为偏旁，来表明“持”的本义——那就是“把”了。所以，“父”作为“把”的本义废弃不用了，今人也就不明白：原来“父”不但是“把”的初文，现在人说的“爸”字还保留了“父”（把）字的古音。

今天的人不喜欢“父权”这个字，而在汉字里，“父”所持的“杖”不但和权柄密不可分，也意味着受尊受敬的地位不可动摇。即使没有养过、教过我们的长者，也要尊称一声“父师”。告老还乡的退休官员，也可以博得同样的尊敬。后来基督教进入中土之后，连传教士也被称为“父师”。“神父”也被呼为“神辅”“神甫”，他们可不只是神的辅佐，因为“甫”字几乎等同于“父”，还是男子普遍的美称。

唐代承袭五胡六朝遗绪，由于种族交涉流通，对父亲的称呼变化也多了起来，呼“耶”（爷）之不足，而有“耶耶”“阿耶”。早在北朝的《木兰诗》里，不就满地都是“军书十二卷，卷卷有爷名”“阿爷无大儿，木兰无长兄”“朝辞爷娘去，暮宿黄河边，不闻爷娘唤女声，但闻黄河流水鸣溅溅”“爷娘闻女来，出郭相扶将”之语？

但是根据史料，我们还可以发现：唐太宗写信给儿子的时候自称“哥哥”，唐玄宗也会称自己的父亲“四哥”——这里没有坑爹乱套，就是俗语的痕迹。一般书面口头，正式的称呼也可以是“大人”，也可以叫“耶耶”，但是真用“爸爸”称呼父亲，反而不见于此时，而要晚得多。

的确，从上古时代起，政府形态就常拿家庭组织为隐喻。例言之：圻，边界也。“圻父”，自然是指掌管或戍守边界的人，其实就是“司马”（国防大臣）之官；“农父”可不只是掌理农业而已；由于古代农业是大事，“农父”所秉之政，包含了土地与教化，大约相当于今日的“内政兼教育部长”了；在当时的另一个通称叫“司徒”。

我们虽然也尊敬隐士，也称他们为“父”——像渔父、樵父、田父，此类毕竟是连国人身份都不具备的野人，与前述的“农父”不属同一概念，那个“父”字就没有“治事”，而只有“老人家”的意涵了。

还有一种父，特别受掌权者的敬重，他们不但是当时下臣小民的爹，在历史的长廊里，被呼为爸爸的回声也时有所闻。周武王太尊仰姜子牙，就叫他“尚父”；管仲受齐桓公的重用，被称作“仲父”；孔子晚年得到时人极大的推崇，被尊为“尼父”；项羽连天下都没打成，他叫范增“亚父”，读《史记》的人也得跟着叫。我的名字里有个“大”字，应该不至于赢得同辈人叫我“大父”，但是我的孙子或外孙——如果在他们那个时代还愿意使用文言文的话——非叫我“大父”不可，大父就是祖父或外祖父的意思。

我实在应该列出另一个先前提到的词——“把拔”。

现在台湾人在家庭里也多称父亲为“把拔”，仿佛亲昵得多，这亲昵，很像是将父亲从尊贵的高台上一把拽了下来，还让他蹲下身跟孩子说话。不过，我总记得我幼年时学邻居小孩叫“把拔”，被我父亲痛斥了一顿，他说：“‘把拔’是屎的意思，你不知道吗？”

字词辨正

爸爸该怎么叫？

一、“父析子荷”字面上说的是父亲劈柴、儿子担柴，意指：

①父子分工 ②父子有别 ③父传子艺 ④子承父业

二、“父师”是古代的太师、大司成之类的高官，但是不包括下列何义？

①告老还乡的大夫 ②对长者的尊称 ③曾为父亲授业的资深老师 ④基督教的传教士

三、“爹”是父亲的别称，也是对年长男子的尊称，也是：

①仆人对主人的敬称 ②下僚对上官的敬称 ③臣民对皇帝的敬称 ④妓女对恩客的敬称

四、甲骨文中的父亲手上拿着的是：

①箸 ②杖 ③锄 ④笔

五、唐代称呼父亲，不包括下列何者？

①大人 ②耶耶 ③爸爸 ④哥哥

六、下列哪一个语词与他者性质不同？

①渔父 ②樵父 ③农父 ④田父

七、下列哪一个字是“男子的美称”？

①父 ②甫 ③夫 ④傅

八、下列哪一个语词与父亲的丧事无关？

①父息 ②父艰 ③父忧 ④父服

九、“爸”字古义与下列哪一个动词最接近？

①掌握 ②呼叫 ③把持 ④命名

十、以下何者与他者词义有别？

①仲父 ②大父 ③尚父 ④亚父

答案：④、③、①、②、③、③、②、①、③、②

養生

养生之道道无穷

——救人还是救灾？养身还是养病？不想还好，一想就糊涂……

养身、养病，究竟养的是什么？

先说一个多年以前成为众矢之的的例子。

那还是黑白电视的时代，有一则日本武田制药的广告，成天价在荧幕上播放着。画面上是一个穿西装、打领结的老绅士一步缓似一步地登楼，忽然间手按心脏，旁白说："上楼梯、下楼梯，心跳气急。"看起来这老人家是心脏病要发作了，怎么办呢？要服用这个药："欲不老"。接着，旁白强调：服用"欲不老"还可以"恢复疲劳，增强体力"。

我的印象是：多年以后，药品改了名称，叫"欲百朗"。但是，昔日那一则广告并没有撑多久，因为报纸上忽然之间对那旁白的修辞展开了热烈的讨论：恢复疲劳，不就是让人变得疲劳吗？正确的说法，不应该是“消除疲劳，恢复体力”吗？

事实上，“恢复疲劳”就是由于不符合白话文的语法惯例而显得突兀、错谬的。至于在古汉语的语法里（甚至我都怀疑在现代日语的语法里），原本即有古汉语“跳脱”一法，也就是说：一句完整的话，不说完整，但是本意并不至于不可解或不成立。

《史记·冯唐列传》：“上既闻廉颇、李牧为人，良说，而搏髀曰：‘嗟乎！吾独不得廉颇、李牧时为吾将，吾岂忧匈奴哉！’”汉文帝听说了廉颇、李牧的事迹之后，兴奋地拍着大腿，说：“唉！我就得不到像廉颇、李牧的人才来做我的将军呢？我还怕匈奴什么呢？”俱载于史书上的汉文帝的回答跳脱了一句，在“我还怕匈奴什么呢？”之前，应该还有一句“如果得到了廉颇、李牧那样的人才”，不然的话，意思就感觉反了。可是，如果司马迁真那样唠叨地写，《史记》就累赘得不是《史记》了。

有些词语，内在含藏着急迫性，也会潜在促人以跳脱的语法来说。

灾以害人，那么该说救灾还是救人？病以害身，那么该说养身还是养病？我始终困惑，这一类的问题，还真没有标准答案。毕竟经过几千年的融合锤炼，汉语的确变化万端。

“养（養）”字，便是个复杂又漫长的过程。甲骨文中就有这个字（），上头一只羊，既表义，亦兼声；底下是个“又”，也就是简写的“攴”，作以手持杖之状，那就是赶羊了。小篆（）把羊挪到左边，攴字放到右边，还是相同的意思。之后改成上羊下食，字体繁化，凸显了“供养”的用意。连带地，从事炊烹工作的厨人

也被呼为“养”。《公羊传·宣公十二年》有云：“厮役扈养，死者数百人。”即谓此。

饮食供应，不足以为养，这是老古人看待人生的普遍态度，要把人格的教化也放到生命的增进之中，才算完整。所以“养”还添加了“教育”的内涵。《汉书·儒林传》说：“或言孔子布衣，养徒三千人。”之所以这么说，对应的一个想法是：当今（汉代）太学弟子人数少，还不如孔夫子一介庶人，竟然能先后教育出三千子弟。这固然是汉儒扩充太学的一个说辞，尔后就靠着此一对比，真把太学弟子员额扩充到三千，跟今天台湾普设大学的想法差不多。

除了“教育”“教导”，“养”字还有一个微妙的变化，就是把“累积岁月以收功”的意思也渗入其中。人生中有许多与知识、见闻或学习未必相关的能力，也可以用养字来增长，养德、养望、养廉、养威……甚至连极为抽象的对象也可以养；我少年时家门口的对联：“忠厚留有余地步，和平养无限天机。”养的可真玄了！

养，还可以读成去声（四声），歧义也不少。《诗经·邶风》的一篇《二子乘舟》，有句如此：“二子乘舟，泛泛其景。愿言思子，中心养养。”这里的“养养”是指绵长不绝的忧愁。

诗中本事很悲惨。说的是卫宣公抢夺了太子伋的妻子宣姜，再把伋外放到齐国为质，这还不算，犹恐此子借助于外国势力倒戈造反，遂又派遣了盗匪在半路上埋伏，意图截而杀之。

方此之前，宣姜已经为卫宣公生下一个孩子，取名为寿——是伋的异母弟。此子赋性纯良，不忍心让哥哥遇害，在伋行前就曾经提出了警告，可是伋为了尽孝道而不肯听，寿便偷取了伋的旌旄，假冒伋的身份先行，果然遇上了盗匪，而代替兄长一死。

实则，寿是白白牺牲了。随后赶来的伋并未逃过一劫，他为了成全“不弃父命而求生”的节操，也死在父亲所买通的盗匪手中。这个令人悲伤的故事在诗歌吟咏之下，采取了一个虚拟的旁观者视角，今人熟识典故，朗读出“漾漾”之音的时候，应该可以感觉出那份哀伤。但若读成了“痒痒”，情思就未免太出格了。

读去声（四声）的养，和读上声（三声）的养也有不可不分辨之处。

像是读三声的“养女”，所指即是收养的女儿；可是读作四声的“养女子”，就是指从事烧煮烹调的女奴了。同样的，读三声的“养父”，所指即是义父、或者有抚养关系的非生身父亲；可是读作四声的“养父”，就是指奉养父亲这件事情。

读三声的“养生”，所指或是维持生计、或是摄养身心、或是生儿育女；但读四声的“养生”，却是专指奉养父母。《孟子·离娄下》有云：“养生者不足以当大事；惟送死可以当大事。”

执此之故，“养老金”的“养”读三声；保摄调养、延寿长生之“养老”也可以读三声，但是一旦说的是奉养老年人，就非得读回四声来不可。延展出去看，古有“养艾”一词，指的是奉养老人；“养堂”指的是专为奉养父母而盖的屋宇，都得读作四声。养字字义繁复，故铸词极多，我为了写作此文才新学会两个已经被时代淘汰的词，一是“养家缘”、一是“养日”。前者说的是家中开支，后者说的是夏至——原来，“养”字还有漫长的意思；夏至昼长，故谓之养。在昨天以前，谁考我这两个词我都不会。可是一篇文章写下来，居然就会了，这叫什么呢？标准答案：养字。

字词辨正

养什么都难

一、下面哪一个词中的“养”字与其他的格格不入？

①养儿防老 ②养老抚孤 ③养痈贻患 ④养病在床

二、下面哪一个词中的“养”字与他者不同？

①养德 ②养廉 ③养士 ④养望

三、《公羊传·宣公十二年》有这样的话：“厮役扈养，死者数百人。”其中的“养”是指：

①厨子 ②门房 ③车马夫 ④挑水工

四、下列哪一句里的“养”字用意不同于其他？

①古之治道者，以恬养知 ②或言孔子布衣，养徒三千人 ③静以修身，俭以养德 ④陆公以偏师三万，北据东坑，深沟高垒，案甲养威

五、《诗经·邶风》里有一句：“愿言思子，中心养养。”这个“养”，解作：

①爱慕 ②忧愁 ③冲动 ④怜惜

六、“养禾天”究竟是指什么样的一种天气呢？

①阳春三月，微雨如膏 ②端阳节前，春寒渐褪 ③农历五月，时晴时雨 ④七月流火，八月剥枣

七、转用《诗经·鹤鸣》的用语，南朝诗人王韶之有诗句如此：“育翮幽林，养音九皋。”所养的，究竟是什么样的声音？

①托望功名 ②隐迹岩穴 ③放浪江湖 ④寄情山水

八、“养家人”“养家儿”都是指赖以赚钱赡养家口的男丁，那么“养家缘”呢？

①儿媳妇或女婿 ②受养家人 ③家计行业 ④家中开支

九、“养日”是指：

①夜间 ②冬至 ③夏至 ④阴雨

十、“养艾”是指：

①奉养老人 ②领养小孩 ③栽植药草 ④培育蔬果

答案：④、③、①、②、②、③、②、④、③、①

籍 藉

落籍东风不藉春 *

——藉、籍要怎么分别呢？还是不必分别呢？通用字真有不通之处，怎么办？

我不知道这世界上还有多少人记得那几年里我们经历过的户口普查。事实上我连是什么时候举行的普查也不记得了，有印象的细节也不多，相关的一个人物是王云五，相关的物件是天使酥，以及茉莉花瓣特别多的香片。

后来查找的资料显示：我记忆中那般规模的户口普查应该是一九六六年，我还是一个四年级的小学生。早在实施普查之前的好几天，村子里的徐干事就挨家挨户地提醒：某月某日星期几，大概是晚饭过后的几点钟到几点钟，会有专责的普查人员到家里来，问

* 编者注：在“假托”和“凭借”“利用”的意义上，“借”是“藉”的简体字。本篇中，当此种情况出现时，会在括号中标示繁体写法，以免混淆。

几个问题、填一些资料，不会耽误太长时间云云。到了当天村办公室里常年寄宿帮闲的光棍老孟还沿着巷弄巡行，一面摇着手铃、一面操着他那一口四川话高声提醒：“今天晚上户口普查啰！今天晚上户口普查啰！”

那是一个寒冬之日，母亲很不寻常地把屋里屋外打扫了一个通透，连纱门、纱窗都一整个儿用肥皂水刷洗了。两坪大小的客厅里拉开了方几，铺上簇新的绣花桌布，还摆起了只有过年才会亮相的五色零食盒子，里头是瓜子、花生、水果糖和一年未必吃得上一回的天使酥。我父亲下班回家晚了些，据说是绕了个弯，上衡阳路全祥去买了几两好一点的茶叶。

“要过年了吗？”我其实是满心疑惑的——若说是过年，怎么没见竹竿上晾着香肠呢？

“不，是有客人要来。”

“什么客人？”

“不认识的客人——他们是来认识我们的。”

晚饭的时候，父亲花了一番工夫对我解释户口普查的宗旨和作用。老实说，我左耳进、右耳出，也不真的对调查人员来家里问东问西这种事有什么兴趣。只不过，相对于收音机里不断强调“今夜举行”的这一桩大事，方几上茶点似乎让我觉得自己家里也在参与一件很重要的大事。

父亲顺便提到了王云五。父亲说王云五真了不起，打小念过几年私塾，就去给人当学徒，自修英、德语，还学会数学、物理、机械和土木工程，是个既有学问、又有担当的人。在三十多岁上，王云五就主持商务印书馆，成为一个大出版家，还发明了四角号码检字法。父亲指着我家书橱里最占空间的书种，就是“五元”“人人”“万有”这一类的廉价文库；这些，据说都是王云五主持编印的。父亲还特别提起一桩逸闻：早在我出生前举行的一次户口普查行动中，访问者向王云五索取学历证明，以便登记在籍。然而王云五却拿不出来，只好笑嘻嘻地回答说：“你们就给我登记一个‘粗识字’吧！”

要到好多年之后，我才约略体会：父亲总希望我能够以王云五为榜样，不假功名、孜矻自励，视学历、学位为余事。他自嘲的“粗识字”一语成了我幼教庭训一般的掌故，父亲觉得王云五的玩笑话值得一说再说，因为在那嘻笑的深沉之处，不只有作为一个“活百科全书”一般国际知名学问家的自豪，还有不在乎世人如何点名看待的谦逊。

“户籍上怎么写，跟你肚子里有什么货，是两回事。”父亲的结论如此。不过，我肚子里有很多天使酥也应该满足了——虽然我那天根本没有撑到普查人员进门。

我从来没有完全搞明白的字不少，藉、籍是其中之二。每当有人问起：“借口（藉口）”是个通用词，为什么还有另一个词叫“籍口”？到底是“声名藉甚”？还是“声名籍甚”？

即使不在这两个字之间周旋，单说“籍”字，“书籍”之意我们都明白，那么“籍书”呢？这个词里的“籍”甚至不读作“集”，而读作“借”，意思是用书籍代替草席，也就是说人沉迷于读书。

单说“藉”字，“藉没”千万不要读成“芥末”，此时的“藉”

乃是“籍”的通用字，“藉没”该读作“集末”，把登记在案的财产加以没收之意，然则，“藉”又是指登记在案了。

从造字上看，甲骨文、金文均无藉、籍二字，可见这是两个相应于篆书时代才出现的后起字（）。藉，本义说的是祭祀时所用的，以禾藁、白茅为材料制作的席子。草字头底下的“耤”有“集”“借”二音，古代帝王拥有千亩之地，诸侯拥有百亩之地，王、侯本人都耕不了，必须借助人民的力量。于是每年春耕之前，天子、诸侯手执耒耜（耕具），装模作样在土里推三推，这是一种“籍礼”，被称为“籍田”，无论“籍礼”“籍田”都读作“集”，可是字的意思，却是从“借”而来的。因为这样推三推，既有“示范耕作”的仪式含意，也有“假借民力”的内在含意，所以借助（藉助）、凭借（憑藉）这样的意义，就渗透到“籍”字里去了。

“藉”也是古代用来衬放玉器的丝质小垫，这种垫子编织精美，所以“藉”字也延伸出许多意义：尿布垫片（藉子）、衬托放置（藉步）、坐卧于某物之上（芳草秋可藉）、有助于某事（有藉），再延伸为依托（凭借）、宽厚有涵养（蕴藉），以及抚慰、安慰（慰藉）等展开的用意。在这些意义上用“藉”字，都得读成“借”。

一字既然多音，必不止一义。当“藉”读若“集”时，意思就更繁复了。孔夫子再逐于鲁，削迹于卫，厄于陈、蔡，子路、子贡相随不忍，以为奇耻大辱。他们形容夫子的惨况，乃是：“杀夫子者无罪，藉夫子者无禁。”这里的“藉”便指践踏、凌辱。

此外，读音为“集”的藉字，也有盛大、众多、甚至杂乱之意。说一个人声名盛大，就说“声名藉甚”，没有什么声名，就说

“无藉藉名”——千万不要说成“藉藉无名”，这四个广泛流传、人人朗朗上口的字根本不通。试问：既然“藉藉”，便已然显赫了，怎么还无名呢？而在表盛大、众多，甚至杂乱之意的时候，藉、籍的确是可以通用的。

今人在运用成语，说杯盘狼藉、遍地狼藉、血肉狼藉，有时也写作“籍”，这就没有什么分别了。传说狼群常在草地上卧息，离去时常将草地纵横爬抓灭迹。后来便用这词汇形容凌乱不堪的情景。此一成语大约也是“藉”和“籍”最融洽无差别之处，反正都凌乱了嘛！

但是前文提到的“借口（藉口）”与“籍口”就不同了。

“借口（藉口）”常见，人固知其为假托之词作为依据；不过，“借口（藉口）”另有一义，乃指充饥。北魏贾思勰的《齐民要术》里提及蔓菁（芜菁、诸葛菜）时，称之：“自可藉口，何必饥馑？”意思就是说：足以令人填饱肚皮。《续通鉴》中也有这样的记载：“我军出界近二旬，所获才三十余级，何以复命？且食尽矣，请袭取宥州，聊以藉口！”仔细回味，这话说得多么豪迈！

至于“籍口”（读作“集口”），则是指户口，与籍贯（祖居或出生之地）、籍产（没收财产）、籍馆（抄家）等词同属一个登记载名以确认身份归属的概念。看来很像登记在案的“籍设”一词，却得读“借设”，此处的籍，则与登记无涉，乃是假借之意。不过，文字当然可以把你搞得再糊涂一点：“籍”，是登记在案了，“籍没”就是将登记在案的财产没收了——这都没问题；不过，你若写成“藉没”可以吗？答案是可以的。

“籍口”不是“借口（藉口）”，但是“籍没”却可以是“藉没”！你要抓狂了吗？很正常。

字词辨正

借口（藉口）没有入籍

一、“书籍”就是书，“籍书”呢？

①借阅书籍 ②登记出版 ③沉迷书本 ④抛弃书册

二、“藉子”是指：

①干儿子 ②草制玩偶 ③外甥侄儿 ④尿布

三、以下哪一个“籍”字的读音和意义与其他三者都不同？

①籍求 ②籍设 ③籍取 ④籍略；

四、“籍田”“藉田”是古代天子、诸侯所行之礼，为什么要用“籍”“藉”这样的字？

①帝王借老百姓的力气耕田 ②田亩都要编入户籍 ③登记在案的土地终将归属于帝王 ④皇帝、诸侯也纳入地政管理

五、试问：以下哪两个选项中的“藉”字字义相同？

①洒笔以成酣歌，和墨以藉谈笑 ②旌旗鞍马都不藉 ③考镜已往，有藉将来 ④簪金藉绮升曲筵

六、孔子厄于陈、蔡，子路、子贡叹息：“藉夫子者无禁。”此处的“藉”有践踏、凌辱之意，与下列哪一个选项字义相近？

①景公藉重而狱多；拘者满圄，怨者满朝 ②今我在也，而人皆藉吾弟；令我百岁后，皆鱼肉之矣 ③无以藉君，与君相忆也 ④陆生以此游汉廷公卿间，名声藉甚

七、以下何者根本是个谬误不通的成语？

①无籍籍名 ②藉藉有声 ③名声籍籍 ④籍籍无名

八、无论是“籍籍”也好，“藉藉”也好，下列叙述何者不对？

①寂寂无声之貌 ②众口喧腾之貌 ③声名盛大之貌 ④纵横交错之貌

九、下列哪一个词语中的“籍”字读音与他者不同？

①籍设 ②籍骸 ③籍馆 ④籍稾

十、以下哪一个词语和其他三者意思最远？

①藉使 ②藉姑 ③藉端 ④藉令

答案：③、④、②、①、①③、②、④、①、③、②

神

神，不假外求

——人们一直相信：身体里自有主宰，就说那是神。

有一则清人笔记，我只读过一次；读时掩卷太息，低回不已。但是事后竟然忘了语出何书？事在何人？依稀记得这位笔记作者听说江南某周姓之家，世代读书，家风醇笃，有许多考取功名的子弟顺理成章地任了官职，也都能够谨守分际，开创事功，造福百姓。于是笔记作者亲往走访其家，见着了一位退休赋闲的老族长，请教他教养子弟的秘诀。老人家的答复出人意表地简单：要让子弟有“敬心”。

当我年事渐长，养成一个时时刻刻提醒自己的习惯，不要变成那种我在还是年轻人的时候最感厌气的老人家——凡事坚持故智、墨守成规，尤其是对那些在岁月中逐渐消失的生活景观、经验价值或是某一个时代曾经崇仰过的典范，有一种近乎痴迷的眷恋。往往在这样的时刻，我们已经浑身弥漫散发着可厌之气了。上了点年纪之后，总不免敏锐地察觉：年轻人怎么都不会尊敬我们所尊敬过的事物，怎么都不会尊敬我们所尊敬过的人呢？

通常在这样想的时候，老人家常常忘了：我们自己年轻的时候也不大涵养我们的敬心。

《论语·先进》一开篇就揭示了老人家和年轻人自叙心境的场面。子路、曾点、冉求、公西赤侍坐，孔子说："我比你们年长一些，但是不要因此而拘束。你们平常总说：没有人了解我！如果真有人了解你们，那你们会做什么呢？"

子路不假思索地就说："尽管是在一个只拥有一千辆兵车的国家，夹处于大国之间，外受敌胁，内有饥荒。让我来治理它，三年可使老百姓勇而知礼义。"

孔子微微一笑，再问冉求。冉求的答复是："方圆六七十里甚或五六十里的小国，由我来治理，三年之后可以使百姓富足；至于礼乐教化，只能有待君子来推行了。"

孔子还是微微一笑，再问公西赤，公西赤的回答似乎更谨慎："不敢说能做什么，我倒是愿意学着罢了。若能参与宗庙祭礼、或者外交会见之事，我愿意穿戴整齐，担任一个小司仪就可以了。"

孔子最后问到了曾点，曾点的答复是："我希望能够在暮春时节，穿上当季的衣服，约上五六个成年人，以及六七个小孩子，到沂水里泡泡温泉，在舞雩的台上吹吹风，然后一路唱着歌回来。"

这一段："莫（暮）春者，春服既成。冠者五六人，童子六七人，浴乎沂，风乎舞雩，咏而归。"引发了孔子的喟叹，老人家说：

“我是赞成曾点啊！”

议论过后，另外三个学生告退了，只有曾点留下来，问夫子对于其他三个人的答复，为什么顶多就是笑笑而已？孔子的答复分为两部分，其一是：“亦各言其志也已矣。”（也就是大家说说自己的志向罢了，没什么大不了的。）其二，则是一一看出子路、冉求、公西赤的用心了。

对于子路，孔子的观感是：“谈治国，是要以礼为本的；子路出言不逊，却侈谈治国，只能付诸一笑。”对于冉求，孔子的观感是：“谁说方圆七十里，或五六十里，就不能称为一个国家呢？”（所以也只能付诸一笑。）

曾点立刻反问：“难道公西赤所讲的，就不是治理国家吗？”

孔子说：“宗庙祭祀和外交会见，不是国家的事又是什么呢？公西赤认为，做一个国家的礼官，不过是个小司仪，试问：谁还能做一个国家的大司仪呢？”

子路之不敬，是人格特质不受语言修养的束缚。冉求之不敬，是仍然抱持着小国不及大国的势利成见。公西赤之不敬，就是看轻了外显仪式的内在意义——司仪之官并不因为不操持权柄而“小”，因为他的职务象征着凝聚一整个国家不可或缺的“敬心”。

至于曾点为什么会得到孔子的赞同呢？

“舞雩”乃是古代祭天求雨之地。人有求于天，以祀典表达敬意，这是对自然的谦卑，曾点选择了这样一个场所，将成年人、少年人牵合在此处，形成了一个完足丰富的象征。日后王羲之《兰亭集序》中“少长咸集”典故的源起即此。然而年龄的差异并没有造成任何隔阂，因为敬心原本应该来自老者与少者两造，在大自然面前，两代人共同感受到春风的沐化，“一路唱着歌”——这正是教化的意旨。在人世间存养着的敬心，不该只有下之于上、少之于长，而是在交融和谐的歌声之中。

古人看见山林、川谷、丘陵，能够“出云为风雨，见怪物，皆曰神。”这是《礼记·祭法》上一段非常简约的描述，却明白地告诉我们：人在试图解释那些既有知识不能含括的道理时，往往以“神”一字带过；而这并不能算是认知上的敷衍，因为对于无知，人们尚且心存敬畏。

“示”这个偏旁原来有两种写法，其区别在于“二”下方的字符，其一写成近于“川”字，只是中间的一竖较长，读若“其”，本义就像是招展的旗子，象征天地万物的创造者，称之为“神祇”；其一则写成“小”字，读若“是”，象征上天所垂示的日、月、星，表宣告、训示、昭显、瞻视等义。不过这两个字符实在太接近，看来在甲骨文、金文时期就同化了；直到后来小篆发明，一度有所分别，可是终究合而为一。

人对于自己的身体，或者种种技艺、知识的表现，以及现代人所开发出来的一个词——潜能——都存有敬意，遂常以“神”字来表达赞赏。这可能还是基于对种种能力殆由天赋的假设而来。

我们常听人说：孔子是个追求、讲究现实的人，所以不说“怪、力、乱、神”；我却觉得孔夫子经常说神，其例不胜枚举，像是：“祭神，如神在。”“禹吾无间然矣，菲饮食，而致孝乎鬼神。”还有：“使之主祭而百神享之。”或者是子路在孔子生病时祷祀求神，并声称这祈祷是有来历的：“诔曰：‘祷尔于上下神祇。’”孔子是怎么说的呢？他说：“丘之祷久矣。”所以，“子不语怪、力、乱、神”应该点断成“子不语怪力、乱神”才对。

到了孟子那儿，甚至把“神”更进一步地政治化了。《孟子·尽心上》有一段话：“夫君子，所过者化，所存者神。”此处的“神”，更不是人格化之后具备超自然能力的偶像，而是指一种国家政治进化的现象，一种“天下大治”的境界。

不只孟子一个人这样运用神字，就连在人性论上与他格格不入的荀子也认为：凡是天地之间，能够尽其美、致其用，任用贤良，让百姓安乐，就可以称作“大神”。换言之，儒家可能早在战国时代，就发现老百姓爱说神、称神、敬畏神，索性将这个关键字攫了来，变为自己的论述。

和神字连用的“祇”也常为人所误会。祇，读若“其”的时候，原本是指创造大地而生出万物的神。但是，它还有一个同形异音的字，读若“只”，所表达的是“仅有”“简直”“恰是”，甚至“为何”——可以与“底”（如“干卿底事？”）字相通——也都可以写成“祇”；这也就是为什么我们经常听人念“神祇”的时候，会把这个“祇”误读成“只”的原因了。

更大的一个误会是：很多人认为中国人以为万物皆有灵，却没有西方人那种根深柢固的宗教作为核心的信仰，这更是肤浅浮泛的人云亦云。在吾人古代的教养之中，透过对于“神”字的玩味可知，中国人一向强调的“化育”核心，有一个非常强大的力量，叫做“敬”，从最表面看，“敬”是从伦理上对家族父兄以至于君王天子的尊礼崇拜，然而在骨子里，“敬”还意味着对于不可知、不可测者的尊重，其中包括了他人、众生、环境，以及我们自己内在的种种能力。

举头三尺，一片苍茫，可是国人所谓的神明在焉；因为一颗敬畏之心永远知道作为人的卑微。在一个不甘失落传统教养的人心里，是非常明白的，当我们说到“神”字，它不一定在寺庙，不一定在教堂，也不一定有祭司、僧尼和神甫，纵使看来无关于宗教，也往往满溢着宗教的情感。

字词辨正

出神入化的字

一、“神女”一词并无下列哪一个用意？

①巫山高唐女仙，泛指女神 ②妓女 ③鹊和燕的别称 ④疯癫成性的女子

二、“神子”是指：

①神的儿子 ②拜神为义父以延命祈福的人 ③祖先遗像 ④神童

三、“神州”除了是中国的别称，还有其他许多意思，但是不包括：

①中原地区 ②海外净土 ③京都所在 ④神仙聚集之地

四、古人描述人的神情风度，也用“神守”二字；但是很少人知道，“神守”也是指一种动物，是什么呢？

①龙 ②鹤 ③蛇 ④鳖

五、“神鬼天”是指：

①农历七月 ②清明前后 ③除夕新正 ④春分秋分

六、“神牲”最初是用来祭祀雷神的，是哪一种牲口？

①黑狗 ②白羊 ③肥牛 ④大猪

七、一般用“神屋”来指称祭神的处所，但是也用来形容哪一种药材？

①土蜂窠 ②梁上尘 ③龟甲 ④蚯蚓泥

八、“神荼郁垒”是传说中的门神，此四字经常被人误读，后三字应该读如“书玉律”，那么第一字的“神”字正确的念法是：

①身 ②神 ③审 ④慎

九、“神祇”的“祇”应该读作：

①是 ②只 ③底 ④其

十、“祇”读作“只”的时候，具有哪些含义？

①只 ②恰 ③竟 ④多 ⑤何

答案：④、③、②、④、②、④、③、①、④、①～⑤

鬼

鬼是人的无知？

——经由对鬼的恐惧，我们了解自己更多。

在一般人怕鬼的心里，鬼没什么，见鬼比较可怕。然而，辨别是鬼不是鬼并非易事。“眼力”云者，殆由天授，非人力所能习及。清乾隆时代的画家罗两峰，出身扬州，丹青号称国手，此人便是见鬼的高手。据说他能够“净眼见鬼，不论昼夜”，所以他所画的《钟馗戏鬼》《啖鬼图》《戏鬼图》《鬼趣图卷》，极富时望。常人没见过鬼，看他画里的人形体酷似、模样逼真，就连带以为画中之鬼也该毕肖其形，这是观画者想当然耳的推理。所以画坛若没有能见鬼的评家，罗两峰的地位就很难被推翻了。据这位名画家说：“不独夜间，每日惟午时绝迹，余时皆有鬼。或隐跃于街市之中，或杂处于丛人之内，千态万状，不可枚举。”

乾隆五十七年壬子（公元一七九二年），罗两峰和《履园丛话》

的作者钱泳在京师见面。罗两峰告诉钱泳：在翰林院衙门旁的御河桥上，他还曾经见过两个金甲神，身高丈许；在焦山松寥阁前见过一个三四丈高的鬼，眼中出血、口里吐火，都说这是“江魈”。

某日罗两峰在友人家参加夜宴，有人推窗出尿，这人没有阴阳眼，什么鬼物也看不见，正尿在一个来不及走避的倒霉鬼身上，“影随尿穿”——这生动的形容，在还没有发明电影技术之前一百多年就形诸于文了，以今日吾人的视觉经验回想一下，罗两峰可能并没有看得太离谱。

还有个吴鸣捷，号蔗芗，是安徽歙县人，嘉庆六年辛酉（一八〇一年）的进士，曾经出任陕西咸阳县令；他也有白日见鬼的本事。据他亲口所说：每日见鬼，数以万计。看来鬼口是比人口要多得多。不过鬼体十分脆弱（可知罗两峰“影随尿穿”之说不假），动不动就遭到破坏。有一天他亲眼瞧见两鬼争道，正逢着一个醉汉踉跄而来，其中一个鬼闪避不及，居然被这醉汉撞了个满怀，一时竟成粉碎。另一个鬼见状拍手大笑，没留神，自让身后另一个冒失鬼碰了一下，那笑鬼之鬼碎裂如前鬼，碎时抚掌之势犹不停歇，可知人的情状也不过如此。

山东掖县东北郊有个地方叫朱桥，是当年我父亲在青春期上厮混过的地方，据说其地鬼之凶恶冠中国。我小时听说鬼都藏在砖墙的缝里，嗣后凡是走过两边由裸砖砌成的砖墙小巷弄，就吓得想尿裤子。父亲告诉我：普天之下，只有山东掖县朱桥镇的鬼可怕，其余地方的鬼，大抵“吹弹得破”，害不了人。我问缘故，他说掖县产蒜，人吃蒜瓣儿，鬼吃蒜皮儿；桌上的蒜皮儿一吹落地就不见，那就是教鬼给拾去了。蒜皮儿的营养成分当然不如蒜瓣儿，可吃多了一样抵抗力强、不好生病，自然体魄康强，顽健矫捷。这就顺便骗得我愿意吃大蒜了。然而朱桥之鬼到底如何厉害？他毕竟没说。

未料过了许多年，忽一日，我闲读杂书，见清人吴炽昌《客窗闲话·卷五》有这样一条记载，说的正是朱桥镇的鬼事。

朱桥镇是个知名的布市，做生意的都赶早，五鼓时分，商家已然毕集成群，天明之后，市集就散了。有这么一天，路上有人相互传谣示警，说："桥底下有一只大鬼，身高丈余，白衣白冠，披发执扇，眉目下垂，口鼻流血，世间流传所谓的'无常鬼'，大约就是这东西了！"人们还说：自凡是见着了这东西，人人弃物奔逃、走迟了都是给吓到死的，无一例外。因之布市里便哄传：将来是不是要改一改集时？可是，改动集时是大工程，万一外地趸商配合不上，物流受阻，对当地丝织棉纺的传统产业是会有重大冲击的。

正在无可如何之间，有个在乡里务农的王二，正逢月中大集，因为家有急需，不得不于寅时前后提着灯笼、背着布匹，往市集上赶。经过桥前，远远看见有个大鬼摇摇晃晃走来，恍似也看见他了。这王二害怕极了，抢忙灭了灯，潜身走避到一片桑林之中，猱身爬上了一株树顶端，藏在浓密的枝叶里——再看底下那鬼，一时之间似乎还不能察觉的模样。

那鬼居然还能说话，叹道："明明有一人来，居然倏忽不见，是妖呢？还是怪呢？"话才说完，另打前方又踅过一个大鬼来。面目、服色与先前这鬼差不多，就是看着脸色发黄。

于是先到这鬼就跟后来这鬼拱了拱手，道："欻欻欻！我等费尽心机逐客到此，居然白教你捡了便宜去，不中不中！得让咱们分把分把！”一面说，一面上前要拉那黄面大鬼的衣服，不料黄面大鬼瞠目相向，手起掌过、拦腰猛可一击，居然将之前这鬼一扫扫成了两半儿。

先前这鬼当下仆倒在地，一颗脑袋、上下身和两条手臂居然散落成五截。黄面大鬼还低头看了看，举手伸指捏了捏，但见他手掌心儿里冒出两道青烟，青烟在手不散，还给收纳进随身携带的佩囊里去了，收好了，像是开了心，长啸而去。

到天大亮了，王二还不敢爬下树来，直到行人结队经过，才呼喊求救，众人集结而至，低头在看地上的鬼尸，发现那鬼头是纸糊的，两臂和手腿则是刻木为之——原来是一套鬼戏服。上半身是个人，下半身则是另一个人，只不过两人都死了。拼凑起现场遗物和王二的叙述，才知道二贼顶接作长身大鬼状行劫，不料撞上了真鬼！

鬼故事，通常就是人世的故事；这种故事，越家常，越恐怖；越家常，也往往越动人。我心爱的鬼故事首选如此：

渎川一个叫周子昕的员外，五十而无子。不得已，取了个小妾，又过了好几年，才生出个儿子来。高兴是高兴，可小妾体弱不出奶水，只好再雇个奶妈哺乳。有一天，这小妾忽然呓语起来，说：“我在冥司花费了多少钱，才买了个孙儿回来？你有多少恒产，可以这样浪费？居然不自己哺乳，还雇得上奶妈子！试想：我周家的孩儿，不能出自正室，已经够呕人的了，如今连偏房的奶也吃不上，这算什么？”

周子昕一听这话，是他死去的父亲口吻，连忙告以小妾没有奶水之故。这老鬼却道："这事容易，仍可以向冥司去买。明日就把那奶妈子发遣了罢，省下钱来多烧冥镪才是。"第二天一大早，那小妾双乳似泉涌，周子昕也就听从庭训，遣散了乳母。可见阴间什么都不欠缺，而且什么都可以买得到——应该还是个市场经济发达、资本主义盛行的社会。鬼的世界无时无刻不在追随着人世的改变，这，可能是一个客观的事实。

从甲骨文以降，用人体的形象表意的字符简直不胜枚举。站着的人、跪着的人、卧着的人、扭曲佝偻的人、披头散发的人……一般来说，跪着的人，都有一种低下、卑微的处境。鬼这个象形（也称得上会意）字，最早却是一个写成"田"字的大头鬼（），相当委屈地跪坐着，像是对着什么在忏悔，看它枯柴也似的身躯，像是根本顶不住项上那一颗硕大的脑袋瓜儿。

到了金文里面，大头鬼左侧添加了一个祭坛，鬼体下方多了一个小小的"口"（），不知道是不是指在祭礼中借巫祝之口发声，以传达神灵意旨的流程。看起来，这样写的鬼字虽然复杂，却具体地表达了人和鬼打交道的内容。

也许是由于金文之鬼太复杂、而基于书写方便的要求，从小篆（）以后，到隶书、楷书，鬼字除了保留那个大脑袋之外，底下的人形完全省略，只剩两条大腿——倒是在右下角添了一个"厶"。通常，这是吐气的符号——像"云"，下方也有这个厶，表示说话吐气。

鬼不是亡灵吗？为什么还能吐气呢？文字家的解释很迂曲，但充满想象力：人死后脱离躯体，贸然独存而无所依归，只能勾勒其“纯阴底滞之气”，所以鬼字右下角的那个“厶”，就是一缕无所依归的阴气了。

除了可怜兮兮的亡灵，鬼还有神明的法力。楚汉之际率先揭竿抗秦的陈涉、吴广就曾经以装神弄鬼的方式威慑群众，号令附从，史称“念鬼”。这种假托得力于神明的仪式里，应该有聚众诵咒的流程，念（唸）字宜乎自此而来。

正由于人不能知鬼之确属何物，在鬼的特性之中，才有了狡猾诡诈，阴险作恶。于是，弄骗术、耍油滑之类的语词，便直以一个鬼字取代。然而从另一方面看：鬼之不可测，恰恰增加了他在人心目中的分量。鬼斧神工，说的不只是超人之力，甚至还包含了一种工艺美感的赞叹。在文学作品之中，《楚辞·九歌·国殇》有：“身既死兮神以灵，子魂魄兮为鬼雄。”其中“鬼雄”二字曾被李清照借来形容项羽，其诗云：“生当作人杰，死亦为鬼雄。至今思项羽，不肯过江东。”

植物冠以鬼字的也不少，估计都是在先民不常见而无从知其属性的情况下予以命名的，像是今人熟知的鬼针草，经常附着在人的裤脚上，这草在北方又叫鬼针，在南方就叫鬼钗，还有个别名叫鬼齿，可见其咬劲了。其他如鬼桃，即俗称的羊桃；鬼柳，即榉柳；鬼芋，即蒟蒻；鬼扇，即射干。另外，像鬼目、鬼臼、鬼皂夹、鬼蒟蒻（又名虎掌，与鬼芋还不是一样东西）都是一般的植物……简直不可胜数。然而，今天的我们尽管查考了《本草纲目》，还就止于识名而已。

鬼字带领的词汇里，还有“鬼皮”与灵异无关，指涉的是戏服。更怪异的是这个“鬼车”——它不是载鬼的车，而是指一种长了十个头的怪鸟，能收取人的魂魄，其中一个头被狗咬掉了，却不妨碍什么；这个词另外还是一种大黑蝶的别称，也被用以形容夜间天上发光的奇特现象。

鬼部之字所指称的鬼不算太多，“山魈”应该只是一种狒狒。而“旱魃”，传说是黄帝的女儿，身高三尺，曾经在蚩尤呼风唤雨之际止雨致胜，而杀蚩尤，可是日后遇上了旱灾，人们就到处搜捕一种“身长二三尺、目在顶上”的矮人，抓到了就投入粪坑，乃得止旱，此情此景，不免残忍——如果真有这事，牺牲的可能只是无辜的侏儒。

鬼部所属，大约只有一个魁字是让人愉悦的。本义是长柄大勺，引申为大者、主帅等义。为什么会跟鬼有关，显然是大勺子很像个大头，不就是鬼字的初文吗？在食物之中，圆而厚的海蛤蜊（蚶）以及芋的大根，都称为魁，科举考试得列榜头，谓之大魁天下，就是这么来的。

字词辨正

鬼在人间得意多

一、以下哪一个不是“鬼”字的义解？

①阴险作恶的人 ②狡猾、诡诈的行为 ③罕见的姓氏 ④夜现踪迹之态

二、“念鬼”这个语词的意思是：

①怕鬼 ②谄事鬼神 ③忧虑小人作祟 ④假托鬼神的名义

三、“鬼斧”有超人之力，多用以赞叹：

①工艺精巧 ②规模富丽 ③设计复杂 ④气势恢弘

四、“鬼丹”是指芦荟；那“鬼芋”呢？

①山葵 ②蒟蒻 ③杨桃 ④射干

五、《楚辞·九歌·国殇》有：“身既死兮神以灵，子魂魄兮为鬼雄。”其中“鬼雄”二字曾被李清照借来形容哪一位历史人物？

①屈原 ②专诸 ③荆轲 ④项羽

六、“魁”字可以代称以下哪两种食物？

①蛤蜊、芋根 ②牛肉、豆酱 ③鱼羹、葵菜 ④羊肉、茶叶

七、主导旱灾的鬼神叫“魃”，据传为黄帝之女，若要消除旱灾，该如何处置她？

①沉落水井 ②升灶烧焦 ③投入粪坑 ④急水流放

八、以下何者不是植物？

①鬼齿 ②鬼扇 ③鬼皮 ④鬼臼

九、下列何者与“鬼车”的寓意无关？

①传说中夜间发光的现象 ②押载斩刑犯人游街示众的囚车 ③能收纳人心魂的十头鸟，其中一头被狗咬断 ④又名凤车、野蛾的大型蛱蝶

十、华夏旧俗每岁有三鬼节，分别是：

①清明、七月十五、九月初九 ②寒食、清明、七月十五 ③清明、七月十五、十月初一 ④寒食、七月初一、七月十五

答案：①、④、①、②、④、①、③、③、②、③

馬

蹄痕犹在鞭风里

——那时人们还骑马，所以字里行间，经常伴随着这美丽的动物。

直到今日，马都不算稀有物种；可是中文里“马”字部首之下灭迹的字却不知凡几。

比方说——馵，音“住”，是后腿为白色的马；馽，音“直”，是拴缚马腿的绳索；駓，音“批”，是毛色黄白相杂的马；駺，音“良”，是传说中白身红鬣的马；騋，音“来”，是身高七尺的马；騧，音“刮”，是黑嘴的黄毛马。

这就得说到看似较不罕见，然而意思却总被误会的“骓”了。我们都听说过项羽骑的马是乌骓，也就毫不犹豫地认为“骓”是纯色黑马。

实则不然。这个字的音符是“隹”，取义于“苍黑两色的禽鸟”，苍是薄青色，也就是较深的灰色，是以项羽的坐骑，应该是一匹黑灰相间而色泽深沉的马。如今若不提楚汉风云，不提“时不利兮骓不逝”的感慨之词，则“骓”字也算是死了。

表达与沟通似乎“够用就好”，所以今天大众对于识字这件事的理解，总以为毋须深入。倒是有个成语，与此有关。相马达人伯乐推荐一个叫九方皋的人为秦穆公相马，九方皋将公马看成母马、将黑马看成黄马，令秦穆公大为不悦，把伯乐斥责了一顿。

伯乐却叹息着说：真正内行、有眼力的人，所看到的是事物的内在和本质，而非表象。所谓“得其精而忘其麤（粗），在其内而忘其外；见其所见，不见其所不见；视其所视，而遗其所不视。”事后证明，九方皋的观察是对的，马群访回，都是冠绝天下的骐骥。

这个故事后来简化为“牝牡骊黄”的四字成语，牝是雌畜，牡是雄畜，骊是毛色黑的马，黄字所指，当然也就是黄色的马了。这么明显的分别，为什么会看走眼？因为对于相马人来说，性别、毛色都与马力的强弱无关；一匹马之为公为母、或黄或黑，即使是错看了，根本无关宏旨。如果以此作喻，即以认字、用字来说，倘或我们真的只能在牝牡骊黄的层次，浮泛识之，以能够听说读写为足，也就容易当面错过汉字文化的深刻内涵。

识字这件事受日常用语干扰的例子很多，例言之：过去几十年来，年轻人泛指年岁不很老的女子为“马子”，有时这个词还指涉为关系已经十分亲密的女友。我只知道最初听见这个语词，是在校车上；口吐此语的，是一个比我高两班的学长。我后来拿这话回家问父亲，父亲只说：“有些话，你是可以不必学的。”

我固然不能考辨“马子”一词用来指称女友，究竟出于哪年哪月，却知道它最初可能含有轻蔑的意思。因为“马子”原本作“虎子”，就是“溲便之器”，俗称“马桶”。

记得早年在古文字学课堂上听过一个段子，说秦始皇筑阿房宫，复道连绵数百里，日日往来执役的宫娥走在路上，常有内急不能忍的情况发生，设计宫殿建筑的匠师早就预想到这一点，于是在路边每隔不数里之遥，就设立一座造型为蹲踞之虎的便器。宫娥们坐在上面方便，外有衣裙披覆，不至于走光，那设施，就是虎子。

到了李渊、李世民父子开朝立代，由于李渊的祖父叫李虎，被尊为“太祖”，为了避讳，口语、书写皆不称虎字，遂改虎为马。这是因为上古音“马”“虎”相近的缘故，也就是“马虎”“马马虎虎”一词的由来。认真想来，便溺之器，源远流长，从虎子到马子，脉络却是极清晰的。如果了解了这一层，姑娘们应该不会再说：“我是某某人的马子。”

不过，我的小学同学刘伟纪却“严重地”不同意我的推论。他认为马子一词来自“菜码”的改称，也就是配菜，配码。厨房一般简称菜码为码子，后来被沿用在女人身上——就好像“果儿”意指女孩、“尖果儿”意指漂亮的女孩。

根据伟纪回忆：他最早听到马子一词，是在一九六四年，和我差不多。传闻是常年在西门町混迹的青帮人物使用、流传，而当时，所谓“青（清）红（洪）帮”中人物，多在酒肆或舞厅工作。都说道上看重兄弟情谊，女人如衣裳；把女人叫成菜码难听，叫成马子就比较亲切，换菜码也比换马桶来得有说法。

马字带头的语词多如马毛，最通俗的口语“马上”，就是立即、赶快的意思。不过，“马上”本指军事武功，出自汉高祖“居马上得天下”的豪语。此外，“马上”还有在职为官的用意，而今由于交通工具的发达递嬗，这意思也就鞠躬尽瘁了。至于“马下”，今天大约已经没有人使用，相对于马上，可想而知是指弃官赋闲了。

俗言俚语相互流通，专业用语也常为文字注入新义。朱买臣“马前泼水”为我们带来一个休妻的故事和“覆水难收”的成语；可是戏曲行的老祖师爷们口中的“马前”却是减少唱词、念白，或加快唱念速度的代称。此语广泛流入民间，就有催促之意。既然有前，想必有后，“马后”说的正是增加唱词、念白，以及放慢唱念的速度。我们如果听人说“马前些”“马后一点”，应当不至于前瞻后顾，因为说的就是个速度——“快些”“慢一点”。

马字偏旁加个扁字，在近些年的台湾，常为不同阵营的政治符号把来彼此调笑，可是这个字的本义却是难得的特技，骑士骗身抬腿，跨马扬鞭，何等英姿？从这个姿势引申，翻墙可以谓之“骗墙”，航海可以谓之“骗海”，又是何等生动？只不过这样的说法而今可能只存在于方言之中，通行的语言里则十分罕见，所以我们甚至可以说：除了诳谎、诈欺的意思一息尚存之外，“骗”字那跨马、翻墙、漂洋过海的本事已经算是半身不遂了。

马部里较常见的，还有一个“驾”字。车驾、驾驶、驾驭（御）都十分寻常，原本就是将车套在牲口身上，逐渐延伸，也可以指车乘、也可以指舆轿，还可以指凌驾和超越，更可以指一整日的行程。刘禹锡的诗句“云衔日脚成山雨，风驾潮头入渚田”，则凭空造就了一个崭新的动词意义，指的是推动、掀腾，应该是从驾驶马车的动作联想而来。

流传千百年的诗句也会散入常民语言，生成崭新的语词。“驾盐”是“驾盐车”的省称，比喻大材小用，出于《战国策》，也是伯乐的故事，据说伯乐伤感于良马驾盐车，为之痛哭不已。王安石把这个故事引为诗句：“天马志万里，驾盐不如闲。”

有的时候，著名的诗人所写的著名诗句也会变成典实。人们形容“充耳不闻”为“马耳东风”，就是来自李白的诗句《答王十二寒夜独酌有怀》，其中四句：“吟诗作赋北窗里，万言不直（值）一杯水。世人闻此皆掉头，有如东风射马耳。”

一般说来，人能够跨坐而驾驭的动物并不太多，中国老古人却好像什么动物都想骑一骑。尤其是骑乘在不可能被控制的动物背上，更常是诗人的狂想——骑虎，说的是形势艰困；骑凤，说的是夫妻谐好；骑鹤是云游物外；骑鲸是隐遁；骑羊、骑鹿、骑鱼，都是成仙。那么骑猪呢？“骑猪”，据说是唐代幽默大师张元一嘲笑亲贵中愚懦之尤者武懿宗的话。为什么猪也可骑？猪者，豕也。豕字音“屎”，骑猪，就是两腿夹着屎，显然是仓皇遁逃了。在这个讽谑的掌故里，猪显然是极为无辜的受害者。

字词辨正

一马风驰字迹多

一、“骈”的本义是：

①两马交配 ②一人驾两马行车 ③两人同乘一马 ④两马车并驾齐驱

二、“骓”与马的毛色有关，那么是什么颜色？

①赤黑相间 ②棕体黑鬣 ③黑灰杂色 ④白身黑斑

三、“牝牡骊黄”的用意在于：

①不明是非，随口胡说 ②观察事物须深入细节 ③考察人才宜乎重视内在本质而非表象 ④红男绿女熙来攘往的景象

四、“风马牛不相及”常被用来表达彼此不相干的意思，其原因是：

①牛马无语言，不相闻问 ②牛马相距很远，不相往来 ③牛马习性有别，不能以同一环境性饲养 ④牛马物种不同，不相交配

五、“骗”的原义是：

①侧身抬腿上马 ②驰马疾速超越 ③说谎使人上当 ④吹嘘控马有力

六、“马前”当然是指马的前方，但是从戏曲行中衍申出来的用语，还有什么意思？

①快一点 ②慢一点 ③早一些 ④晚一些

七、“骑鹤”是云游，“骑鲸”是隐遁，“骑羊”“骑鹿”“骑鱼”是成仙，“骑龙”是皇帝去世，“骑虎”是处境艰难，那么“骑猪”呢？

①荒唐 ②随便 ③惊慌 ④愚昧

八、“驾盐”是“驾盐车”的省称，比喻：

①辛苦从事 ②大材小用 ③身份卑微 ④日久天长

九、“马子”一词今人用以指称女子，其词源本为“虎子”，原本是指：

①小狗 ②幼兽 ③食槽 ④马桶

十、“马耳东风”比喻充耳不闻，这个词语典故的出处与哪位古人有关？

①孟子 ②庄子 ③刘邦 ④李白

答案：②、③、③、④、①、①、③、②、④、④

鼻

一丝鼻息万般情

——作为器官的鼻子是人体的前哨，也拥有许多让人难以想象的象征意义。

上小学二年级的时候，就听老师解释过“臭”，说是“自大加一点”，岂不让人感觉讨厌？这种教训铭印深刻，但也不无知识上的疑惑——为什么自大还要“加一点”才会令人讨厌呢？若是没有那一点，而只是自大的话，就不会令人讨厌了吗？那一点究竟是什么？

这样的疑虑有点像苏东坡跟王安石抬杠，王安石望文解义，说：“波者，水之皮。”苏东坡则笑谓：“然则滑者，水之骨耶？”

臭是个标准的会意字，所会者，不是“自大加一点”，而是一条被画出了夸张大鼻子的狗。造字者强调狗的嗅觉，所以这个“臭”字包含了嗅闻、气味两义，还不专指污秽、浊恶的气息。

这就要回到“自”的字形根源来看。在甲骨文里，“自”()

并不是臭的一部分，就是个大鼻子的象形，之所以会变成“我”（自己的“自”）的代呼，可能跟人手指鼻子称“我”的共同习惯有关。

一旦鼻子成了整个自我的代称，那么，该如何表示原先那一只单纯的、具体的鼻子呢？只好在“自”底下另外加一个表音的符号，那就是“畀”（读若“必”）。这个“畀”字本来的意思是给付或酬答，用到了“鼻”这个字里，它显然就只是一个声符而已，不带有任何实质的意义。

这整个借字又造字的过程，一般称之为假借。假借通常有两个阶段，为时相当漫长。在第一个阶段里面，既然借了表示鼻子的字形（自）去表达“自己”的意思，它的本义（鼻子）也就不彰显了。于是，启动造字的第二个阶段，在原先的字符上添加一个声符或形符，来表述这个字原先隐没掉的意思。这种例子，在假借造字的时候经常出现。文字学教材上说得比较简约：“本字为假借义所专，故另添形符或声符以明本义。”

于是，我们有了一个较长的“鼻”子。

命相家告诉我们：鼻子在面相中是疾厄宫和财帛宫所在，主人财运、健康及中年的运势。什么山根高者野心旺盛，鼻梁挺的财业两发，鼻准处凹陷生痣的一生破财，鼻翼薄、鼻孔大的非但不会有积蓄，还可能经常入不敷出。这些话使鼻子在呼吸器官之外，还成了人一生的财政部、经济部兼卫生福利部。

倒是从用字铸词的文化面思索，鼻，具备了开拓先河的意象。

人站立朝前，鼻尖在最前方，这是我们说“鼻祖”的来历——

《方言》一书中解释：鼻，就是起始。“兽之初生谓之鼻，人之初生谓之首。”也是从生命起源那一刻的观察得来的。唯古契丹人诟骂北方汉人，说他们是“十里鼻”，只知此时的“鼻”是指奴隶，但是为何是“十里”，又为何不是其他器官？也只能猜测为当时方言，“十里鼻”只是取其发音而注记的文字。从始祖到奴隶，相去不可谓不远，也就还是个鼻子。

今人常用的词语“自从”“来自”“起自”都说明了“自”字又从鼻子，自我还延伸出由来、缘由，以及开始、本来、固有的语意，沿袭至今，早已融入日常大白话。杜甫的《古柏行》：“扶持自是神明力，正直原因造化功。”读来一点也不像千年以前的文言，欲会其意，也毋须作什么翻译。

鼻子干活儿吸气辨味，这是动词，原本用一个“臭”字也可以打通，可是用时太容易混淆，不能不有所分化，否则“其臭如兰”的臭（读 xiù）实指兰花的香气，就容易和“恶臭”之臭（读 chòu）字相混淆。

在原先臭字的左边加上一个口字偏旁，成为“嗅”，就专用于感官活动了。这个分化出来的后起字最早出现在春秋末叶。

《论语 · 乡党》里有一段令人费解而歧义增生的话：“色斯举矣，翔而后集。曰：‘山梁雌雉，时哉！时哉！’子路共（拱）之，三嗅而作。”有人认为这“色斯举矣”说的是鸟忽然高飞，为什么好好的，却会忽然高飞呢？

注解四书的人就说：这是下文中出现的子路袭取、捕捉雉鸡所导致。当下引起了孔子的不满，才赶紧说：“这不合时宜啊！这不合时宜！”子路遂双手捧拱着这只雌雉鸡，看它整饰羽毛（整理了三次），而后振翅飞去。

另一个解释很不一样，说：孔子郊游，看见野鸡飞翔了一阵之后停在树上，孔子神情一变，说：“山顶上的野鸡啊，时运好啊！时运好啊！”子路于是还向它们拱拱手，野鸡长叫几声，便飞走了。

当时的情境莫衷一是，事件的经过和教训也莫衷一是，学者后来只能诸说并存，归咎于《论语》有颇多错简而结案。至于那个“嗅”，又竟是整饰羽毛呢？还是长叫（啸）呢？就如同“时哉”究竟是指时运好呢？还是指不合时宜呢？至今言人人殊，讫无定论。可是无论怎么说，这里的“嗅”都和我们习见的意义相去甚远，通常遇到了这种情形，我宁可认为它是错别字。

到了战国末叶，《韩非子·十过》里出现了另一个和鼻子有关的动词——“闻”字。

这里头有一则两国征战的故事。楚共王鄢陵一战，大败于晋厉公，原因就是酣战之时，楚将司马子反的酒瘾犯了，居然向部属讨酒喝，一喝大醉，不能再战，楚共王亲自来到子反的营中：“闻酒臭而还。”随即下令放弃作战，回国杀了那酒鬼。

这一鼻子闻得深刻，也是古代“闻”字用以为吸气辨味的鼻祖。韩非子说这个故事的意思是告诫人：把酒拿给子反喝的那个小臣看似为子反尽了小忠，却成了战争局势与国家利益的害虫——“行小忠，则大忠之贼也。”

闻，可以用鼻子，也可以用耳朵。闻字代表感官，也意味着知见。闻某声，得某意；有些时候，闻字底下的字还能决定情感——闻雷，是曹操、刘备煮酒论英雄的知名故事，两个字就代表了借故掩饰真实感情的行为。

闻笛，则出自向秀与嵇康、吕安的友情。嵇康、吕安被司马昭杀害，忽一日黄昏时分，向秀经过嵇康旧居，听见邻人笛声，不免油然而生感怀亡友的悲情，于是作《思旧赋》，用了这么几句话："余逝将西迈，经其旧庐。于时日薄虞渊，寒冰凄然。邻人有吹笛者，发声寥亮。追思曩昔游宴之好，感音而叹，故作赋云。"到了初唐大诗人卢照邻笔下，"闻笛"就有了伤怀亡友之逝的指向："辍斤之恸，何独庄周；闻笛而悲，宁惟向秀。"（《南阳公集序》）成了悼念故人之词。

累积着一丝丝的气味、一点点的声响，哪怕只是一篇深情隽永、发人所未发的文字，却能够承载许多流传几千年的故事。我们的感官恰是这样而复杂起来的。

字词辨正

一个鼻子有多大？

一、"鼻"这个字在甲骨文中的字形，相当于今天我们使用的哪一个字？

①丫 ②白 ③自 ④畀

二、直接猜吧，这个"齇"字的读音是什么？

①消 ②渣 ③枪 ④虐

三、“十里鼻”是一个特殊的语词，它的意思是：

①称赞人擅嗅 ②祝福人早归 ③辱骂人奴婢 ④请托人作媒

四、下列哪一个“臭”字的意义与他者不同？

①臭味相投 ②口之于味也，目之于色也，耳之于声也，鼻之于臭也

③上天之载，无声无臭 ④彼臭之而无嗛于鼻，尝之而甘于口，食之而安于体

五、《礼记·中庸》上说：“知远之近，知风之自，知微之显，可与入德矣。”这里的“自”是指：

①由来 ②自己 ③有力 ④去向

六、“自胜”是指：

①战胜自己 ②克制自己 ③超越已有的成就 ④担当自己的责任

七、“闻见”的含意不包括下列何者？

①听到、看到 ②嗅到 ③知识 ④谣言

八、“闻喜宴”究竟是哪一种宴会？

①放榜高中 ②订婚致贺 ③小儿满月 ④天子寿诞

九、听见吹笛之声，谓之“闻笛”，这个词具有下列哪个特定的感性导向？

①思念家乡 ②怀念远人 ③感念故国 ④悼念亡友

十、“闻雷”的意思是：

①借故掩饰自己的真实感情 ②不肯承认令人痛苦的真相 ③作恶而深恐得到天谴 ④受到意外消息的惊吓

答案：③、②、③、④、①、②、④、①、④、①

非

非说清楚不可

——越是简单的字符，越会带来丰富的联想。

以今日用字观之，“是非”的“非”和“飞翔”的“飞”，相去不可以道里计。不过，这两个字根本是一个字。非的本义虽然是相违背、不相同等等否定词，甚至还有邪恶（为非作歹）的含意，不过，有许多文字学家相信：“非”和“飞（飛）”乃是“一字之两用”，都是从鸟翅之羽两相背反的形状（）衍申而来。

查看常用的字典，凡是读“fei”音且注为一声的形声字，大约都少不了用“非”作声符，像是：啡、扉、绯、菲、蜚、霏、騑、鲱，有的声符是兼具表意功能的——比方说“騑”，驾车之时，居于外侧两旁的马，就叫做“騑马”，用非为音，也有如鸟之振翼而飞。由于“非”的原形，取象于鸟的双翅左右相背，所以“非”字或含“不是”之义，也从此“相违”“相背”的意象而来。

事实上，就连“飞”的古字，也就是“非”，活灵活现地显示了鸟儿用力张开翅膀的样子。可是，一旦用之于动势，“飞”字可就灵活了，它既表现翱翔，又表示飘荡、跳跃、奔跑、散射、高举、挥动甚至用手抛掷；我们还能从古书里发现，它还有“突如其来”的意思；《后汉书·周荣传》：“若卒遇飞祸，无得殡敛。”后人说“飞来横祸”，也就根源于此。

这种动势，使那些读一声的“绯”“蜚”都有一种光彩、上扬、流动的语感。绯，是珠红色，隋代以官品订服色，五品以下可以穿红袍绿袍，其正红之色，名之曰“绯”。蜚，原本指的是有异味的虫（蟑螂其一也）；引申而用，也就是“飞”；《史记·周本纪》：“麋鹿在牧，蜚鸿满野。”《史记·滑稽列传》：“国中有大鸟，止王之庭，三年不蜚，又不鸣。”都是。

常用字之读“匪”（三声）的，几乎都用“非”作字根。像是“棐”，一方面它是一种常绿乔木，美纹理、有香气，是高级的木具材料，又写作“榧”。此外，这个“棐”字也和“篚”字互通——是一种椭圆形的竹制容器。为什么“篚”“榧”还有本字“匪”都是竹边的容器呢？还是回到原初：从鸟儿相背的两翼发想，看文理纵横、杂错交织，既可以用来譬喻文章斑斓，也可以用来形容器物锦绣。

即此以言，“非”并不是一个全然表现“不是”“不好”“责难”“讥谤”“诋毁”的字而已。可是，用它来打造的后起字，总还是“负能量”居多，像“诽”这个字，就是明明白白地说坏话。

回到“非”的本字来看，我径觉其美。从字形上说，无论是小篆（𣳾）、楷书、隶书，此字都显现了一种整齐有序的格调。从字意上说，它除了对立于“是”之外，还有不同于“不是”的细腻层次——读白居易诗句“花非花，雾非雾”可知，很难说“非花”是“花的反对者”，“非雾”是雾的“对立面”——当然不只是这样，此境唯苏东坡悟得好：在一阕咏杨花的词里，他写道：“似花还似非花，也无人惜从教坠。”如此用笔，遂使“非花”也成为一种花，一举将“非”的语境，提升到“不可说”“不可名状”的境界。

唐人传奇里有《非烟传》一则。步，是非烟的姓；而有这样一个名字，想来必是美女。而非烟，并不是晴朗大地一片，更不是空气清净指标，而是带些朦胧湿润的云气，古人谓之卿云、谓之庆云、谓之五色祥云；的确不是黑白切，而在有无之间。这个凄美的名字也有一个凄美的故事——

步非烟是临淮地方河南府功曹参军武公业的爱妾，容止纤丽、善歌秦地风谣。有一天，邻居公子赵象无意间窥看到步非烟的容颜，登时“神气俱丧，废食忘寐”。赵象随即贿赂了武家的门房，嘱托那门房的老婆向步非烟表达情意。步非烟“含笑凝睇而不答”，这也就算是默许了。从此两人书信往来不绝，彼此多以诗笺达意。犹不能尽欢，遂趁着武公业因公出外的机会，径入非烟所居的绣阁私通，前后长达一年多的时间。

偏偏步非烟由于细故鞭挞女仆，女仆则愤而将步非烟这一段私情密告武公业，武公业遂假意声称，将于某夜当值不归，实则埋伏在里门旁边，暗中窥伺。果然看见步非烟和赵象准备幽会了。武公业冲上前去捉拿不成，让赵象逃脱了，只将步非烟拿住，登时绑在屋柱上狠狠抽打逼问，步非烟的供词只有八个字："生得相亲，死亦何恨？"

有的版本将"非烟"之"非"记为"飞"字。而我总觉得，像这样一个故事，若发生在一个名字叫"飞烟"的姑娘身上，意境还真就差了一层。

在论理的用语上，"非"字后面常常省略某些"不方便说"的意义。像是"非祸"，指的是非同小可的灾难，通常是指意外身亡；"非业"指的是"不急之务"；"非贰"指的是"质疑"或"极端不同的议论"，这种省略就是一种长期积累的用语习惯，或许让我们想起那个字：缠绵悱恻的"悱"，它是什么意思呢？悱，恰是心中有话、口中却不敢说的样子。不说，却用意深长。

字词辨正

非，常不简单

一、"非夫"所指，约当下列何意？

①不是丈夫 ②不是佣工 ③不是士兵 ④不是豪杰

二、"非烟"一词，与下列何者无关？

①唐传奇中的美貌侍女 ②五色祥云 ③禁止吸烟 ④喜气

三、"蜚蠊"的异名很多，下列何者不是？

①负盘 ②蠦蜰 ③蟑螂 ④蚊蚋

四、除了遨翔，"飞"字还可以表现下列哪些动势？

①掷远 ②飘荡 ③喷射 ④突然而来 ⑤高举 ⑥散射 ⑦跳出 ⑧奔跑

五、想要表达却说不出来，该用哪个字表现？

①诽 ②悱 ③蜚 ④吠

六、“绯”是下列哪一种红？

①赤红 ②浅红 ③深红 ④暗红

七、关于“棐”的解释，下列何者为非？

①矫正弓弩的器具 ②常绿、有香气的上等乔木之材，即“榧”③辅助、教诲 ④方形的竹器

八、“非祸”是指：

①不是祸害 ②意外的伤害 ③非常的灾难 ④轻微的损害

九、佛教语“非业”常指“非命而死”，古汉语中的“非业”说的是：

①夭折 ②不在本行 ③不急之务 ④改头换面

十、“非贰”在中古时代是常用语，意思是指：

①专一、凝神 ②非议、质疑 ③坚决、果断 ④同意、支持

答案：④、③、④、①～⑧、②、①、④、③、③、②

甘

甘心说得甜滋味

——舌尖一点甘香，无限美好，这些字，都是回味。

“甘”字初文（）就是一片舌头，上头点画一横，指出了感觉的部位。人知五味，都靠一片舌叶感受，可是其他的辛酸咸苦却不用舌字表意，可见我们宁可记得的滋味，还就是甜。一切引申出来的人生感受，像是优裕、顺遂、喜好、和悦、润泽、安适、情愿等等，都归于“甘”。

至于另外四味，大约也就分担了所有不佳的况味。我所读过的古籍里，甘字只有一处令人毛骨悚然，那是《庄子·齐物论》：“蝍蛆甘带，鸱鸦耆（嗜）鼠。”蝍蛆（读作“即居”）就是蜈蚣，此物喜欢吃小蛇的眼睛！“甘”在此处就有喜欢吃的意思了；在语法上，这里的“甘”与一般说“食不甘味”的意思是一样的。另外，据说鹳鸟也“甘带”，每遇到巨石当前，知道底下藏着蛇，就会潜行蹑步，像踏罡步斗的道士一样。

“甜”不见于甲骨文与金文，最早见于小篆，是一个稍晚出现的字，而且写法（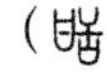）和今日俗见的正相反，甘左舌右，成了两片舌叶——估计是“甘”要表达的意思太丰富，只好另外加一个形符（舌）在旁，来表明本义。苏东坡写醉、写睡，用了“三杯软饱后，一枕黑甜余”。“软饱”“黑甜”都是东坡独创之词，用的也都是俗写之字，发人之所未发，却道尽人之所不能道，真是文豪身手，为“甜”字丰富了千古意象。

甜从糖来，糖本来写作“饧（餳）”。此字有两个读音，一读“形”，一读“唐”。有的文本资料将此字又编写成“昜”，争议繁琐，于此不赘。

读“形”的“饧”字是用麦芽或谷芽熬成糖浆，与寒食节关系密切。寒食在冬至之后一百零五天，也是清明的前一到两天。我曾有专文《从寒食到热中》述及：这个节日，与坊间所传晋文公误焚介之推之事并无关系，早在晋文公时代之前近千年的商代就有了寒食节。

《周礼·秋官·司烜氏》记载：“中（仲）春以木铎修火禁于国中。”可知“火禁”是一个与自然节气有关的节日，所谓“修火禁”，就是派人敲打着木铎，到处宣示可以举火、不可以举火的所在，提醒小心火烛。事实上寒食不只在春天有，冬日、夏日也是有的，只要天干物燥，易于引火成灾，都有“修火禁”的警告——既谓之警告，就是说不一定完全不许举火的意思。

此外，《周礼补遗·卷七》采俞庭椿说：“寒食修火禁，未必禁绝举火，木铎以警之，如家人乐。”此处的“家人”是平民的意思，“家人乐”指称民间音乐。那么：即使敲打着木铎，到处示警，显然并没有太多威胁、恫吓意味，可能还带着些公共娱乐的兴味。

但是，寒食日或寒食节流衍到后世，除了春天的那一日还保留着，夏、冬两季的不知打从什么时候起就退流行了；倒是寒食节踢足球的习俗保留得较久。刘向《别录》有“寒食蹋蹴”之语，似乎在寒食日确有例行的足球赛事。另按：《汉书 · 霍去病传》述：“然少而侍中，贵，不省士……其在塞外，卒乏粮，或不能自振，而去病尚穿域踏鞠也。”此中“不省士”就是“不体恤士卒”的意思；“踏鞠”，就是“踏蹴”“蹋蹴”，踢足球也。

塞外沙场之上踢球，何等豪迈？但是请想象一下，那些忍饥挨冻的士卒们还得特别开凿一间覆盖着毛皮的踢球房，霍大将军之不恤士卒可知。霍去病在大冷天踢球，可以从刘向《别录》“寒食蹋蹴”找到合理的解释，这个从皇宫里带出去的习惯，的确有医理上的解释。人身气血循环，始于四肢之末。寒食节不踢踢球、驱驱冷、暖暖身，应该很不舒服。

由于千余年来的法令规定，寒食节当天不能举火；到了唐、宋时期，尤为严谨，所以一整日下来，只能吃吃那种早就为了保存风味而掺和了大量麦芽糖的甜食，遂有“食饧”（读作“形”）的风俗。沈佺期的《岭表逢寒食》诗：“岭外无寒食，春来不见饧。洛阳新甲子，何日是清明？”便是把这种麦芽糖饼当成故乡的象征了。

此外，“饧”也因麦芽煮化了的形状予人以黏稠之感，所以“饧（还是读‘形’）眼”就成为那种凝滞、蒙眬、半睁半闭着眼睛的模样，可以是困倦，可以是迷惑，也可以是因为视力不佳或想要看得更清楚而眯着眼的情态。《西游记》里猪八戒在西贺牛洲莫家庄遇妖，目迷于徐娘半老、风韵犹新的美妇，便“饧眼偷看”，这个“饧”字多么传神？

“糖”的字根从“唐”而来，唐与字形接近的“康”相似，都有一种广大、庞大的含意。今日我们仍然用“荒唐”来形容空虚不实的言行、现象，其根柢还是要从这一个字的“大貌”来看。中国人对于“大”虽然有无限憧憬与向往，可是在某一种认识论的角度看，“大”也意味着无际无涯、无端无崖，一来理不清头绪，二来摸不着边际，大到一定的程度，就与人以虚假之感。

除了中国古代历史上四个以它命名的朝代（陶唐、李唐、后唐和南唐）之外，大部分用“唐”字结合出来的词语都有负面的含意——“唐捐”“唐丧”都有落空、虚耗、突然的意思；“唐子”之“唐”则因空虚而表示失去；“唐突”则是冲撞冒渎；“唐塞”是“搪塞”的本字，由空虚而引申为填补；当更晚出现的这个“搪”字由填补而再开发，就出现了“涂抹”的意思，我们把一种在铁器上涂釉料以防锈的工艺品叫“搪瓷”，就是这么个来历。填补涂抹终究不是本色，所以到头来，“搪”字还丛生出混骗的意义。

“唐”字虽然有“大”义，可是加上了土字偏旁的“塘”——无论是陂塘、池塘，都是小范围的水洼。至于加上了虫字偏旁的“螗”，甚至只能称为“半个字”。它必须与“蜩”字连用（无论是“蜩螗”或“螗蜩”皆可），就如同“玫瑰”“琵琶”“枇杷”“朦胧”，这一类的连绵字，若仅单独一字，是不能存在的。

要而言之，“唐”字一旦触目，在国人心目中虽然即升起一个盛世，然而字根、声符尽管相同，运用起来，却常风马牛不相及，其中繁复的变化，似乎也不容独沽。仔细回味，糖虽然是甜滋滋的，但是换一个搭档的偏旁，就变味了。

字词辨正

舌尖一点是甘香

一、“甘带”是一个独立的语词，意思是：

①甜美的海带 ②情愿随身携带 ③性喜吃蛇 ④果实熟透的状态

二、关于“甘露”二字，以下哪一个叙述不对？

①甘美的露水 ②滑润的温泉 ③祥瑞的征兆 ④梵语对于佛法、涅槃的比喻

三、“甜娘”是何者的异称？

①酒 ②蜂 ③蔗 ④妓

四、“黑甜”形容的是：

①焦糖 ②秀发 ③睡梦 ④双瞳

五、由改名“李昪”的徐知诰所建立的朝代是：

①李唐 ②南唐 ③后唐 ④蜀唐

六、“饧”（读作“形”）与哪一个节日有关？

①立春 ②端阳 ③冬至 ④寒食

七、“饧眼”是用来形容：

①目光凝滞 ②目光如豆 ③目光如炬 ④目光飘忽

八、“糖”字在唐代以前，都不是指甜食，而是指：

①糬 ②糕 ③糊 ④糟

九、下列语词中的哪一个“唐”字和其他三字用法相去最远？

①唐突 ②唐丧 ③唐捐 ④唐子

十、“搪碗酒吃”之“搪”的意思是：

①讨要 ②混骗 ③赊欠 ④敷衍

答案：③、②、①、③、②、④、①、④、①、②

老

老有所归

——称之为长寿村并不为过，这里的字，都与年华老大有关。

姑父欧阳中石先生曾经应汪曾祺先生的邀请，参与京剧《范进中举》的编撰，剧中有范进得知自己考中之后、洋洋得意而近乎疯癫的一段自白，用二六唱腔表现，是全剧特别出彩的一段，便出自姑父之手。汪先生曾经亲口告诉我："这一段押'考老韵'，考到老、考到老，韵押得太妙了！"我才意识到：歌诗用韵，还有意义上的讲究。

这要回头从戏文的原著《儒林外史》说起。

《儒林外史》是吴敬梓仿章回话本的小说作品。后人对于吴敬梓的理解不多，大约知道他出生在一个已经没落的世家，年少时天资颖悟，记忆力很好，曾经进过官学读书，具有生员的身份。精通《文选》，写诗作赋都有长才，就是不善于张罗生计。也有说吴敬梓为人豪放讲义气，但凡是来告帮的，无不慷慨解囊。所以没几年工夫，就把家产挥霍尽了。

乾隆即位的第一年（一七三六年），吴敬梓三十五岁，当时的安徽巡抚赵国麟举荐他参加博学鸿词科的考试——这是一种有别于传统科举的甄试，目的在于透过名公巨卿的推荐，网罗科考所不能发掘或扬举的人才。但是吴敬梓没有接受这份荐举，反而举家搬迁到金陵。

应该就是在这一次迁徙之后，吴敬梓开始了《儒林外史》这一部伟大小说的写作。除了小说，他还有几部后来完全失传的诗集、诗说和文集。他过得不富裕，仍然号召当地仕绅士子出钱出力，在雨花山兴建先贤祠，奉祀吴泰伯以下两百三十位“乡先贤”——为了盖成这个祠堂，他连自己居住的房子都卖掉了。生活越来越穷，困苦的程度甚至到了冬天不能具备炉炭的地步。最后还流浪到扬州，仍不改“落拓纵酒”的生活，后来也就客死于异乡了。

由于《儒林外史》用心于讽刺，这部前后五十五回的小说既没有忠奸判然、黑白分明的角色，也没有任何一个核心的主人翁。整部书的情节随着一个又一个登场的人物，有如走马灯一般地展开。

读者首先会感受到：有着一波又一波争狂斗妄、且人人趋之若鹜的风潮，那就是从明代迄于清代，以赢得科举考试为核心的士人阶级对于“功名富贵”的追求。另一方面，作者也随时借着追求者卑污、谄媚、骄恣、痴傻的种种面目，暴露了“功名富贵”作为一种“普世价值”的确凿和可疑。

尤其是将那些通过“功名富贵”试炼，却全无真才实学的人物一勾勒点染，就会发现，科考年年，其下原来有这么一个令人不忍揭发的本质，书中的一角杜慎卿这样讽刺道："讲学问的只讲学问，不必问功名；讲功名的只讲功名，不必问学问。"

都已经是有资格考评他人学问的官儿，究竟又是如何地与学问无关呢？吴敬梓在开篇不多久的第七回，借着书中另一个角色蘧景玉之口，说了个笑话：

> 数年前有一位老先生点了四川学差，在何景明先生寓处吃酒，景明先生醉后大声道："四川如苏轼的文章，是该考六等的了。"这位老先生记在心里，到后典了三年学差回来，再会见何老先生，说："学生在四川三年，到处细查，并不见苏轼来考，想是临场规避了。"

说笑话的蘧景玉没想到听笑话的范进非但听不出这是笑话，他自己根本就是笑话里的人。吴敬梓接着刺笔写道：

> 范学道是个老实人，也不晓得他说的是笑话，只愁着眉道："苏轼既文章不好，查不着也罢了；这荀玫是老师要提拔的人，查不着，不好意思的。"

"功名富贵"与真才实学的差距，在胡适的眼中有一个学术史上的背景。胡适认为：

吴敬梓的时代恰当康熙大师死尽，乾嘉大师未起的过渡时期。清朝第一个时期的大师毛奇龄最后死。学问方面，顾炎武、黄宗羲、阎若璩、胡渭都死了。文学方面，尤侗、朱彝尊、王士祯也死了。当吴敬梓三十岁时，戴震只有八岁，袁枚只有十五岁，四库全书的发起人朱筠只有两岁，汪中、姚鼐都还没有出世呢。

胡适以为学术界或文学界的“大师们”对于一个时代整体的文化风尚、趣味和理想起着决定性的作用。这一点恐怕很难验之于、证之于一个时间范围并不明确的历史阶段；而对于“大师”的向望和依托恐怕更难说服满心嘲诮学人名士的吴敬梓。但是胡适提醒了我们一点：或许正是在吴敬梓透过小说所反映的这么一个乌烟瘴气的士林，已经显影了科举的末路，即使并非大多数人能够觉醒或愿意承认，知识圈的良心或反省，也差不多就是在这一段没有“大师”燃犀指迷的黑暗时代开始萌芽了。

经由冷冽的讥嘲、锋利的讽谑，“讲功名的只讲功名，不必问学问”这句苍凉的笑话，反而提醒了尔后的学者，学问与功名富贵的确是迥不相侔的两回事。换句话说：《儒林外史》问世之后，是不是反而让下一个世代的学子文人得着了儆醒、启迪，而发现“讲学问的只讲学问，不必问功名”倒是一种理所当然的志业了呢？

吴敬梓所关心的当然不只是学术圈、文人圈的无知与败坏，他一眼看出这种无知、败坏直接影响到庶民社会的品质。所以像匡超人，还有人格更卑劣的牛浦、居心更贪婪的严监生、手段更嚣张跋扈的潘三，以及市井之中无数趋炎附势、锦上添花、落井下石、为虎作伥的豪绅和小民，这些人不是希冀交结权势，以求取钱财，就是图谋贿赠钱财，以分润权势。

近世以来，考季都在暑天，与古人制举科考几乎都在春、秋两季举行是很不同的。“考”加上个火字偏旁，可见酷虐。现代语汇中用到考字，多半是指测试（如考试）、研究（如考订）、审查（如考核）、稽核（如考绩）等等。实则此字原来的意思和“老”几乎没有差别。

在许慎《说文解字叙》里，“考”“老”就像是一对双生子，用以解释“六书”之一的“转注”——也就是归属于同一个部首，几个形似、音近的字可以意义相通、互相解释。“老”和“考”就是如此。然而可悲的是：许慎万万不可能想到他身后将近两千年，“考”和“老”有了“考到老”的关系。

“老”字的部首就是它的前四划，省笔而已，读音不变。归属于老部的字不多，一共就只有孝、者、耄、耆、耇（省笔作“耇”）、耋这么寥寥六个罢了；而且除了孝、者之外，字义全与老年有关。

耄（九十岁以上之高寿）、耆（高年上寿）、耇（老人背部弯曲佝偻）、耋（八十岁以上之高寿）——这些明显是后起之字，全以“老”为基础，而“考”“老”其实原本也可能是由一个字分化而成。在甲骨文中，“老”（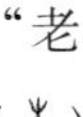）就是一个头顶光秃、拄着拐棍、身形佝偻的人的模样。至于“考”，也几乎没有差别。

倒是“老”，未必只有年长之义。食物不嫩了，颜色深浓了，东西陈旧了，习惯养成了，技巧精练了，以及交往得密切熟识了，都说老。最奇怪的还有“老女儿”一词，指的是家中排行最后的女儿。古来当官的要退休，就说请老、告老，未必真有多么老。“老小”二字连用，更有出乎年纪之外的指涉——“老小”可以指妻子、可以指家属，更可以泛称黎民百姓。在旧时的小说里，常见官场上称人“老父台”“老公祖”，这都是抬高对方地方官吏身份的敬语。还有就是“老着脸皮”一语，可别急着保养；这里的老，是说人厚着脸皮（与硬着头皮近似），也无关年纪。

值得一提的是，“考”也有击打的意思。词语“考责”“考捶”“考掠”，打得都很凶！看起来这拿着棍子（拐杖）打人的人应该已经上了年纪，推测只有老人持杖打人被视为合理。不过，这里就发生了汉字中经常出现的假借现象。由于既表示年长，又有前述测试、研究、审查、稽核等义，字形不得不分化以示区别，所以另加“手”字偏旁，成了“拷”。

孝，是中国固有的伦理价值，也是中文里独有的字，字义是“善事父母”，字形恰恰强调了父母之年长。于顺从、奉养、敬爱之外，孝字还有居丧的意思。服父母、祖父母之丧，以及行祭祀父母与祖父母之礼，都用孝字。

老部之字里最突兀的要属“者”这个字。这字的前四笔根本与老无涉，它极可能是从“蔗”字象形讹变而来，竟与“老”同化了。“者”原本的字义则是“别事（分别彼此）之词”；质言之，就是“这”（与“那”区别）的意思。之后才具备代词的功能，成为“之乎者也”的“者”了。

宋词里用“者”字特别多，多半就是“这”的意思：王衍的

《醉妆词》:“者边走、那边走，只是寻花柳。”晏几道的《少年游》：“细想从来，断肠多处，不与者番同。”宋徽宗赵佶的《宴山亭》：“凭寄离恨重重，者双燕，何曾会人言语。”

老不老？是的，老，不一定就老；可是别忘了：考，却真是老。不然，为什么我们要祝福人“富贵寿考”呢？有一出原名《打金枝》的京剧就叫《富贵寿考》，说的是郭子仪七子八婿满床笏、不痴不聋不做阿翁的故事，可是你信不信：我看到这戏名就反感——人都富贵而长寿了，为什么还逃不过要应考？

字词辨正

一群老者忽然来

一、下列哪一个词语中的“考”字与他者不同？

①考责 ②考捶 ③考掠 ④考索

二、下列何者不是“考究”的意思？

①考察研究 ②卜算决疑 ③讲求重视 ④华美精致

三、“老着脸皮”是指：

①严肃以对 ②惭愧不已 ③厚颜而行 ④努力以赴

四、“老小”是什么意思？

①老人和小孩 ②黎民百姓 ③家属妻子 ④以上皆是

五、“请老”与下列哪一个词意义相近？

①告老 ②敬老 ③卖老 ④养老

六、下列哪一个词语中的“老”有关年纪？

①老相好 ②老公祖 ③老父台 ④老姑娘

七、下列哪一个词语中的“老”无关年纪？

①老女儿 ②老大娘 ③老新娘 ④老姑娘

八、“耄”是指九十岁以上的老人，“耄耄”呢？

①事物荒废 ②老人群聚 ③事务纷乱 ④老人离散

九、下列哪一句里的“者”字意义不同于其他？

①黄冈之地多竹，大者如椽 ②细想从来，断肠多处，不与者番同 ③为机变之巧者，无所用耻焉 ④此非孟德之困于周郎者乎

十、下列哪一句里的“者”字意义不同于其他？

①夫子何为者，栖栖一代中 ②凭寄离恨重重，者双燕，何曾会人言语 ③者边走、那边走，只是寻花柳 ④细想从来，断肠多处，不与者番同

答案：④、②、③、④、①、④、①、③、②、①

附录

我读与我写

——一个书法观众的场边回忆

从上小学三年级开始，书法成为一门课程，每周一堂，大约就是将衣衫书本弄得墨沈淋漓，始为尽兴。至于所习，通常不外颜、柳，师长谓为立本，也不知这“本”究竟何所指。

总之，我追随坐在前面一排的同学段鸿铭的选择，他临柳公权的《玄秘塔》，我也临《玄秘塔》。我还记得：段鸿铭几年下来只写《玄秘塔》某页上的八个字：“滔然莫能济其畔岸。”只此八字，能够写到一笔一画与原帖全无二致。但是一旦写别的字，他就全然不能够学样了。我也没有多少长进；除了《玄秘塔》，就是《皇英曲》，整本写完几次，还不知道《皇英曲》是一首诗。就这么一路写上初、高中，前后十年，没有改过模样，始终就在那横平竖直的“本”上，追求着点画相似的趣味。

直到上了大学，进入辅仁国文系，有了近似专业培育的书法课，依旧是每周一堂。上课第一天，陈维德老师看了看我随手搁置在桌上的硬笔字笔记，说：“你写写褚遂良罢。”

那是一九七五年秋，距今四十二载。一个转捩点，我选临的是《雁塔圣教序》，才临不过数字，就发现起笔大异于之前十年的体会。多年以后偶然于台北华正书局得《沈尹默论书诗墨迹》，读到沈公勉励曾克端（履川）学习书法五古一首，有："欲畅褚宗风，精意入提按。"方才大悟：所谓"立本"，并不是把一副柳公权或褚遂良的骨架搬来纸上，而是学会如何揣摩那看似静谧庄严、不动如山的字是如何鲜活灵动地从笔尖流荡而出的。

更早些年，辅仁大学在台复校，继戴君仁教授之后，恢宏辅大国文系教务的老主任是王静芝先生。静芝师也是书家，师承民初大家沈尹默，规橅唐楷，追踪二王；据王老师课堂上转述，沈公从钟、王入手，于唐楷最得意于褚河南，于北碑最衷情于《张猛龙》。就在我进入下半学期的书法课时，陈维德老师看过我的第一张作业之后，便对我说："你可以写写《张猛龙》了，看看喜欢不喜欢。"

"喜欢不喜欢"这话也很新鲜——虽然当下并没有太多体会，然而年事渐长，所结识的朋辈之中，越多长年习字的友人，他们的书迹各自不同，心摹手追，如同面目，作为一个书艺的外行人，我却很容易有一个发现的角度：但凡是那些能够令我受到触动、甚至勾起美感的作品，无论什么家数、什么书体，都来自"喜欢写字"的人。令他们着迷的，也是那波折点画在纸上从无到有、一次浮现而终古不易的历程。

四十年间，我从来没有妄想成为专业的写字之人，倒是几乎每天都要读几本法帖，让一千多年以来那些令后世之人不断揣摩、效法、仿习以及力图恢宏开拓的墨迹一次又一次地烂熟于胸。这种没有目的性的内在驱动，只能用“喜欢”一词加以形容或者是掩饰。于是，我能够回顾的，大约就是多年来偶有体会，吟之咏之、讽之诵之的二十首读帖心得，通名之曰《论书五律》（见附录第二篇）。

算是一个痴情的读者，我对书法的喜爱也有相当程度的偏见。“喜欢”二字，在最常用常见的层次上，就是不讲客观、没有理据的。然而，从一九八八年春天开始，这心境有了些许的、渐进的动摇。那一年我三十一岁，第一次踏上中国大陆的土地，第一次回到祖家，也是第一次见到我的姑父欧阳中石先生。

那一年北京的春寒凛冽又漫长，除了有那么几回天气晴爽，出门踏游，大部分的时间我都在东四前拐棒胡同的家宅中向老人家请益：谈京剧、谈逻辑学、谈文章和书法。

在那狭仄湫隘的书斋、卧房兼客室里，有两句教诲始终令我不明白，日后多年，总和那屋里成天价蒸腾着热气的煤球炉的记忆联系在一起。每当我自己练起字来，就会想起的两句话——说是等我年纪大些，自当体会：“活得越老、练得越勤，小时候犯就的毛病就越会来找你。”

想到小时候的毛病会来找我，就觉得好奇，眼前仿佛出现了坐在煤球炉上不断冒着氤氲之气的热水壶。“氤氲”，是的，我永远不会忘记，柳公权字帖上也有那么一句：“太和氤氲二仪分”，如此没头没脑的断句当然是不对的，就像“万古皇英曲，铿然发杳冥。依稀传宝瑟，缥缈意湘灵……”明明是柳公权《皇英曲》开篇的原文，但是由于书法课堂上每每大字八个，九宫两行，从此写起，所以我对此诗的记忆亦复是四字一断读，成了：“万古皇英／曲铿然发／杳冥依稀／传宝瑟缥／缈意湘灵……”记忆中的《玄秘塔》也老是记成了：“唐故左街／僧录内供／奉三教谈／论引驾大／德安国寺……”

但是我要说的“小时候的毛病会来找我”尚且不只此也，实则也一直不能进一步体会。直到二〇〇五年初，父亲过世，丧事依遗嘱一切从简，不发讣文、不惊亲友，原本甚至还不许举行任何仪式。这一点令我颇为难，还是禀告了几位至亲的长辈，入殓后随即火化。在这个简单的葬礼之前，还有几天停灵之期，我推算时间，认为若勉力为之，还来得及以大楷抄一部《地藏菩萨本愿经》，好放在棺木中，一同火化。

于是便张罗了几百张半开大的生宣，一字一字抄去。抄到第二天，我就发现小时候数学没学好的毛病早就回来了：依照我原先计算的经书篇幅和每日抄写进度，恐怕再增加三五天都来不及，我能做的只有加班，在不太影响字体美观——起码是工整——的要求下，排除万事，夜以继日。

写到第四天，手肘已经几乎悬不起来了，然而心情上却像是年幼时挨了训斥，不肯服气，宁可顽抗，鼓足一股不知从何处窜起的拗劲，始终不肯将就着放下手肘。但见纸面上的字迹居然逐渐迤逦歪斜不说，原本写的是我大学时代专攻的褚体，再几行走下去，便不由自主地写成了柳体。非但结体似柳，还是粗带着硬笔字习气的柳。我看这一张前后肌理不畅、骨肉不匀，索性扯去重写，不料重新写过的更糟，连一绺也不柳了！

姑父的话这时在耳边响起：“活得越老、练得越勤，小时候犯就的毛病就越会来找你。”可是他没说该怎么对付，只告诉我：如果对付不过去，若非失之于油滑，就会失之于蠢笨。我在《地藏菩萨本愿经》的后半截上根本来不及想“书法”该如何了，只有一笔一画扭折勉行，想想柳，再想想褚，明知两头靠不了岸，起码“菩萨”二字算是写得“熟到不认识”的境界了。

直到第七天，告别式前几个小时的深夜两点钟，我的手肘在刹那间轻了，毫尖也灵动起来，这是最后一张。当我写完“尽此一报身，同生极乐国”，忽然明白过来，回头跟空气里的父亲说了句：“是你压的，是罢？”

父亲是第一个在意我是否把字写好的人，其在意的程度甚至到不能容忍我天生是个左撇子。他认为：左手执笔的人不可能把汉字写“对”。这里面还有一个相当极端的假设：汉字从笔画构造起，就不是为左撇子而设计的。我仍然记得还在幼儿园里初学写字的阶段，就常挨他的训斥，总要我用右手执笔，我也总是趁着他不在身边的时候偷偷换成左手执笔。这样的角力持续到我上小学，他再一次发现我暗中换手之后，忽然叹了一口气，说：“我看你往后连副春联也写不上了！”他的话不免有些嘲谑的意思，因为他总说那个年年在菜市口当场挥毫写“生意兴隆通四海，财源广茂达三江”的老头儿字写得糟糕透了。

据说我祖家大门的一副对子是请雕工给刻的，长年挂着，一到腊月底，卸下来朱漆雕版墨漆字，重髹一过，焕然如新。联语从来就是那么两句：“忠厚传家远，诗书继世长”。

父亲来台之后，配合在眷村之中安身立命，不好立异鸣高、作风弄雅，便改了字号，倩人写来的是："一元复始，万象更新"；有时下联也写作"大地回春"。我最早认识的大约就是这十二个字。

在还没有上学认字之前，父亲总是拿这些个字当材料，一个字配一个故事。多年下来，我只记得"象"的故事，大意是说有个善射的猎户，受一群大象的请托，射杀一头以象为食的巨兽。那猎户一共射了三箭，前两箭分别射中巨兽的两只眼睛，第三箭等巨兽一张嘴，正射入它的喉咙。此害一除，群象大乐，指点这猎户来至一片丛林，群象一卷鼻子拔去一棵树，拔了一整天，林子铲平了，地里露出几万支象牙来。那巨兽有多么大呢？据父亲说：一根骨头得几十个人才抬得动，骨头上有洞，人还可以往来穿行。

说这些故事的时候，多半是走在路上。大年下，父亲牵着我，在纵横如棋盘的巷弄之间散步，经过某家门口便稍一停步，看看人家的春联写了些什么。偶尔故事会被那些春联打断——走不了几步，父亲便分神指点着某联某字说："这副联，字写得真是不错。"或者："这副联，境界是好的。"

等我念了小学，不知道几年级上，自家大门口的联语换了，成了"依仁成里，与德为邻"。父亲解释：这是让邻居们看着高兴。就我所知：没有哪家邻居会注意到我家大门边写了些什么。我家与邻人素来相处不恶，应该是往来串访不多、难得龃龉之故，跟门上的春联显然不应有关。

但是我注意到一个细微的变化：日征月迈，岁时奄冉，父亲同我再闲步于里巷之间的时候，竟不大理会人家门上新贴的对联如何了。有时我会问：“这副字写得怎样？”或者：“这副联的意思好吗？”父亲才偶一掠眼，要不就是说：“这几个字不好写！”要不就是说：“好联语难得一见了。”

上高中之后，我开始比较愿意花时间读帖练字，父亲从不就个别字的结体构造论长短，偶有评骘，多半是：“《张猛龙》临过没有？”或者：“米南宫不容易写扎实，飘不好飘到俗不可救。”那是一九七一年，我们全村已经搬入公寓式的楼房，八家一栋，大门共有。彼时我们父子俩几乎再也不一道散步了。有一年热心的邻居抢先在大门两边贴上“万事如意，恭喜发财”。我猜他看着别扭，等过了元宵才忽然跟我说：“赶明年咱们早一天把春联贴上罢。”

这年岁末，父亲递给我一张纸条，上写两行：“水流任急境常静，花落虽频意自闲”，中间横书四字：“车马无喧”。接着他说：“这是曾国藩的句子，你给写了贴上罢。”一直到他从公务岗位上退休，我们那栋楼年年是这副联。

父亲退休那年我腊月里出游，到开年了才回家，根本忘了写春联这回事。这一年大门口的联语是我舅舅给写的，一笔刚健遒劲的隶书：“依仁成里，与德为邻”，横批是：“和气致祥”。

我问起父亲怎么又邻啊里啊起来，他笑着说：“老邻居比儿子牢靠。”我说这一副的意思没什么个性，配不上舅舅的字，父亲说：“曾国藩那一联，做隐士之态的意思大些。还不如这一副——”说着又掏出一张纸片，上头密密麻麻写着：“放千枝爆竹，把穷鬼烘开，几年来被这小奴才，扰累俺一双空手；烧三炷高香，将财神接进，从今后愿你老夫子，保佑我十万缠腰”，横批是：“岂有余膏润岁寒”。

我笑说：“你敢贴吗？”

父亲说：“这才是寒酸本色，你看看满街春联写的，不都是这个意思？还犯得着我来贴吗？”

回首前尘，想起多年来父亲对于写春联、贴春联、读春联的用意变化，才发现他的孤愤嘲诮一年比一年深。我现在每年作一副春联，发现自己家门口老有父亲走过的影子。

一九八七年，两岸音信经由香港方面而开通了许多，父亲和失散近四十年的兄长、妹妹都联系上了。在接到姑父的第一封信、以及随信附寄的一张横额大字之后，他喜滋滋地冲口而出说：“你的字有救了！”横额写的是“懋德长馨”——“懋德”是我山东济南祖家的堂号，而擘窠大字则是姑父的亲笔。

从一九八八年，到二〇一四年，我每有赴京之行，总要上姑姑家讨教。就我的体验，姑父教习书法不多语言，总归是“一个、两个、三个字”。一个字是“看”，此字一出，就是一遍一遍地看他写，从来没有不耐烦的时候。有一次写行书“寿（壽）”字，一连写了四十几遍，为的就是让我看明白，当第六笔（掠）角度偏斜有些微改变之际，第七笔（勒）如何相应调整；这两笔，都是长枪大戟，成颉颃之势，四十几遍下来，斗阵各具姿态，无不宛转精严。

两个字则是“临帖”。每当我问起某字之某画如何转笔这一类接近钻牛角尖的问题之时，他就会指着书架（其实所指的书架上或许并没有法帖）说：“临帖。”而他所谓的临帖也与常法大异其趣，往往一本帖，只令临某几页之某几字而已。也就是这么临，也才渐渐体会：那几个字相连写来虽然极为枯燥，却由于密集反复的锤炼，而更有效率地体会了布局的手段。

至于三个字，就是“有来历”。在他看来，书法不只是讲究形体、结构、笔势、行款之美，更不该是为了创造出一种新颖或罕见的美学标准而独运生造。书学所承载的匠艺价值更深刻地牵动着流动于字里行间的意趣，必须唤起和呼应更长远的文化脉络，在老辈儿那里，“有来历”也好、“看得出来历”也好，就是一个学行传承的轨迹。我和姑父说起早年父亲忧心我“往后连副春联也写不上了”的话，他大笑着说：“他是担心你不学，不是担心你不写。”那么，写，显然是学的一个征候了。

回首五十多年过去，我依旧分不清当初父亲说的“往后连副春联也写不上了”是不是玩笑话。不过，我始终认为，我还维持着能够在菜市口卖春联的小小自信，一直读着帖，写着字，也一直惦念着我的来历。

（本文为二〇一八年初在台北松荫画廊举办书法个展“大春的新春”所写。）

论书五律

——张大春二十首读帖心得

【一】题王子敬《鹅群帖》

枯藤快霜割，峻骨软鞭笞。飞白真难到，牵丝不可期。
形收神愈迴，体正势偏欹。此稿留鹅迹，依稀辨五之。

【二】题王志《一日无申帖》

买王牵一羊，不失俗人望。结取僧虔厚，遨游鲁直狂。
吴钩裁蜀素，趯磔别齐梁。才气浮波折，弥弥造大荒。

※ 望字平读。“买王得羊，不失所望。”说的是南朝（如羊欣者）以王献之书为圭臬，盖以其榘矱森严，纤毫不失法度。我的看法是：其间有一渐变的趋势，乃在于王僧虔父子，王志尤其是转捩的关键。

【三】题王远《石门铭》

欲编仙鹤舞，遂有石门铭。开阖挥长翼，方圆踶碧甍。
摩崖停闹影，拓帖下飞声。云拂真荒遁，痕消即物情。

【四】题米芾《蜀素帖·吴江垂虹亭作》

八面趁婆娑，中锋健似戈。字看当下好，心得老更多。

帖法随时变，诗情与墨和。钟王留秃笔，消我荡清波。

【五】题王逸少《丧乱帖》（仄韵入声十三职）

未经丧乱极，不解奔驰力。疾笔扫萧酸，忘怀绝凄恻。

峰斜暮外云，痛定哀余墨。何言托寄深，满纸飞针织。

【六】题王逸少《得示帖》

疑雾弥天落，侵人畏病寒。谁同养元气，自在付柔翰。

耿耿多残约，殷殷一永叹。叹余千载下，竟不识蹒跚。

※ 翰、叹皆平声。

※ 逸少与人约会，彼我同时皆病弱不能强赴，《得示帖》为回信，原文如此："得示，知足下犹未佳，耿耿。吾亦劣劣。明日出乃行，不欲触雾故也。迟散。王羲之顿首。"告以次日日出之后，雾散而行。

此札末有"迟散"二字。这个"散"字，读平声，同"跚"。迟散，即蹒跚。是王羲之告诉相约的人，可以徐行，毋须急迫、仓促。证之以逸少他帖，有"早且乘凉，行欲往，迟散也""迟散无喻，吾后月当出，以省念示"都是这个意思、这个用法。

有说"迟散"为行散、发散者，以此词自有其专意，盖指服食五石散之后快步疾走散热。这个说法是从鲁迅之言魏晋风度讲稿而来，我是不同意的。

行散本需寒衣、寒饮、寒食、寒卧，所谓"极寒益善"（越寒越好）。如果说"迟散"就是指服食了五石散之后要发散药性而行走之说成立，"不欲触雾"四字即不可解。

究其实，行散、迟散根本是两件事。行散、发散为疾行，"迟散"所状非此。故“散”仍须是“跚”，散步，晃荡也，蹓跶也，慢慢走也。

※ 另，解“无喻”，“喻”字有“快”（快意之快，非快速之快）解，通“愉”。《庄子·齐物论》：“昔者庄周梦为胡蝶，栩栩然胡蝶也，自喻适志与。”就是这样解的。“无喻”乃“不豫”“不悦”；就是今人所谓“不爽”也。

※ 又及：诗中永叹，乃出于相约而不易遂愿之人，腹联自足其意。末联截搭叹字，故书“叹余”；叹余而讽，识者之责也。余所讽者亦非泛泛；固自以名家著书立说、于略加翻检即可证解之文，不肯稍事推求，而乃信口支吾、当面错过、贻误群学者也。

【七】题董其昌《临十七帖并释文》，独见思翁不能反捺，盖腕弱也。

腕弱焉能磔，才高亦难格。应知玄宰功，远逊官奴册。

一笔别天渊，诸论合坚白。吾虽不善书，此断平生积。

※ 王逸少《官奴帖》，是令董思翁得开眼界之书。
※ “吾虽不善书，晓书莫如我。”此二句出自东坡《论书帖》。
※ 论字平读。

【八】题国诠《善见律》，唐写经生无数，为洗魏碑刻画、树唐楷规橅之豪杰；或贻姿媚之讥，我偏爱其风致。

善见轻功果，虔心付写经。碑棱犹龂龁，楷法渐娉婷。

旷代无名字，群书共典型。流年不堪数，百万案头萤。

【九】题黄庭坚《山预帖》，于二王内擫外拓之侧，另辟蹊径，呈簸扬之势，此帖可证。

食者能知味，习焉翻作书。担来山径老，煮到芋芽舒。

非擫亦非拓，似耰还似锄。江西新笔意，格物写真如。

【十】题欧阳信本《梦奠帖》

结密临中轴，飘摇若散樗。搴旗张铠锁，沐雨振裙裾。

姿媚因肌瘦，神豪趁意舒。唯公能两末，秀健自纷如。

※　两末，两个极端。《韩非子 · 难势》：“此则积辩累辞，离理失术，两末之议也。”

【十一】题赵孟頫《胆巴碑》，为驳柔媚之说。

柧棱留蕴藉，毫末入融圆。老练无烟火，澄明一海天。

菩提真却药，烦恼借参禅。凝雪松枝健，世人多不传。

※　菩提却药语见胆巴师行迹。

【十二】题张即之《金刚般若波罗蜜经》

攊毫怜啄粒，拓管送流云。势瘠丝将断，形肥墨欲薰。

字中盈复昃，纸上缊而纷。大将当麾桀，摐金若有闻。

【十三】题扬无咎《均休帖》

横勒挑长戟，掠飞留直声。发铏才一瞬，震匣有孤鸣。

凝冷开松雪，遒深祖率更。知君最相近，拜石米仁兄。

【十四】题吴琚《书蔡襄访陈处士诗》，字绝佳，诗减原色。

念起锋先出，形消意不收。将枯啼鸟树，已润碧溪舟。

余香催气力，变景夺风流。指北宁如此，有人桥畔愁。

※　蔡襄诗原作："桥畔修篁下碧溪，君家元在此桥西。来时不似人间世，日暖花香山鸟啼。"吴琚首二句书作："桥畔垂杨下碧溪，君家元在北桥西。"

【十五】题沈尹默《论书诗》

能得晋贤骨，乃传唐楷神。右军无本相，一佛每分身。

劲草天然直，骎书物化真。流云入流水，不动水中人。

※　沈尹默《论书诗》："米颠淳雅涪翁韵，一代论书鉴赏工。清劲差同浑厚异，无人可有晋贤风。"

※　《庄子 · 齐物论》："不知周之梦为胡蝶与？胡蝶之梦为周与？周与胡蝶，则必有分矣。此之谓物化。"

【十六】题王铎《草书卷》，明亡前一岁之作。

横戈卷长趯，挥匕状飞虹。跳掷临丧乱，忧愁书咄空。

澈寒酣北海，孤僻尽南宫。国破知何似，匆匆蔓草中。

【十七】题《张猛龙》，二王后二百年，逐字别铸结密之势，险且峻，北方之强欤。

明月显处视，方碑书最真。削端凝瘦骨，掉尾搏潜鳞。

深刻云间壁，长响漠上尘。龙兴亦如此，万化自由身。

※　《世说新语 · 文学第四》支道林语："北人看书，如显处视月。"

※　唐子西《语录》云："东坡作《病鹤》诗，尝写'三尺长胫瘦躯'，阙其一字，使任德翁辈下之，凡数字；东坡徐出其稿，盖'阁'字也。此字既出，俨然如见病鹤矣。东坡诗叙事言简而意尽，惠州有潭，潭有潜蛟，人未之信也；虎饮水其上，蛟尾而食之，俄而浮骨水上，人方知之。东

坡以十字道尽云：‘潜鳞有饥蛟，掉尾取渴虎。’言渴则知虎以饮水而召灾，言饥则蛟食其肉矣。”《后山诗话》云：“诗欲其好，则不能好矣。王介甫以工，苏子瞻以新，黄鲁直以奇，而子美之诗奇常工易新陈，莫不好也。”

【十八】题蔡京《宫使帖》，宋四家固有此蔡，殆以元长奸憝，改尊君谟，余不惬焉。以书论之，京之于襄，不啻冰水青蓝，盖以矫不自树立而得宗脉之正格。

不求新面目，能得大规橅。顾盼凝姿窈，攲斜结势殊。
歧途唯险厄，健笔岂踌躇。来比苏黄米，争留笑唾嘘。

【十九】题颜真卿《祭侄稿》，以篆入行，古今一贯，俱在此章。

渴笔收哀毁，飞毫下鼓鼙。常山颅骨剥，大篆颜家题。
悍矫无鹅法，苍凉是马嘶。丹心丝缒处，万古草萋萋。

【二十】题唐伯虎《落花诗》

戏墨凝酣处，娇枝困损时。两般别肥瘠，一片闹分离。
凭尔熟圆画，消它寥落思。蛮笺情字补，四季有荼蘼。